小微企业团队管理与提升

卢迪颖◎著

中国商业出版社

图书在版编目（CIP）数据

小微企业团队管理与提升 / 卢迪颖著 . -- 北京：中国商业出版社，2022.9

ISBN 978-7-5208-2238-1

Ⅰ . ①小… Ⅱ . ①卢… Ⅲ . ①中小企业 - 企业管理 Ⅳ . ① F276.3

中国版本图书馆 CIP 数据核字（2022）第 171875 号

责任编辑：刘加莹

策划编辑：武维胜

中国商业出版社出版发行

（www.zgsycb.com　100053　北京广安门内报国寺 1 号）

总编室：010-63180647　编辑室：010-83128926

发行部：010-83120835/8286

新华书店经销

北京亚吉飞数码科技有限公司印刷

*

710 毫米 ×1000 毫米　16 开　14.5 印张　160 千字

2022 年 9 月第 1 版　2022 年 9 月第 1 次印刷

定价：56.00 元

* * * *

前言 PREFACE

小微企业规模小、市场竞争力弱、抗挫能力差，发展路上面临着更多的挑战。

团队是小微企业生存与发展的中流砥柱，小微企业经营管理者唯有不断稳固团队、优化团队管理，才能塑造一支有拼劲、有干劲，凝聚力、执行力、内驱力强的企业团队，企业才能勇敢直面市场竞争、适应大环境变化，才能不断做大做强。

本书就小微企业团队管理进行了系统深入研究，能为小微企业经营管理提供科学、有效、实用的团队管理建议与启发。

全书以团队建设为切入点，手把手教小微企业经营管理者选择团队类型、寻找团队成员、建设优秀团队。

本书从管理的角度，系统剖析小微企业经营管理者如何成为优秀的管理者。全书层层深入，引导小微企业经营管理者不断优化自己的管理能力，打造优秀企业团队；指导小微企业经营管理者科学选人、用人、制定目标，增强团队凝聚力；启发小微企业经营管理者与员工智慧、高效沟通，提高团队执行力；帮助小微企业经营管理者有效激励员工，不断强化团队自驱力。

此外，本书还就小微企业不同类型的团队，如销售型团队、生产型团队、科研型团队的具体管理进行了详细的解析，并阐述了小微企业团队的综合管理具体事宜。

全书逻辑清晰、结构完整、内容丰富，兼具科学性、系统性、指导性与启发性。书中特别设置“知识链接”“问题透视”板块，更增强了本书的知识性与可读性。

关注与加强团队管理，带领企业不断做大做强，是所有小微企业经营管理者的美好愿望。阅读本书，相信你定能从中有所收获并找到优化团队的管理方法，助力企业健康发展。

作者

2022 年 5 月

目录 CONTENTS

第 1 章

小而精的小微企业团队建设 | 1

第2章 打造优秀团队，优化管理力 | 25

第3章 合作共赢，增强团队凝聚力 | 49

第4章 智慧沟通，提高团队执行力 | 73

第5章 有效激励，强化团队自驱力 | 101

第6章 小微企业销售型团队管理 | 125

第7章 小微企业生产型团队管理 | 151

第 1 章

小而精的小微企业团队建设

科学有效的团队建设是企业管理的重要基础。尤其是对于小微企业而言，它们的优势并不突出，很难与根基深厚、资金雄厚的大中型企业相提并论。而如果能通过高效的团队建设和团队管理来提升企业的凝聚力和竞争力，便能帮助小微企业在动荡复杂的市场经济环境中站稳脚跟，并持续生存、发展下去。

1.1　小微企业需要什么样的团队

如何提升团队成员的战斗力和归属感？如何打造一支协作能力强，且拥有核心竞争力的高效能团队？这些都是绝大部分小微企业目前亟待解决的问题。只有组建一支高度认同企业文化、与企业发展有着超高适配度的团队，才能使小微企业在激烈的竞争中脱颖而出。

1.1.1　跳出选人陷阱

小微企业在员工数量、企业资产总额和产出水平等方面远远低于大中型企业。小微企业层出不穷，存活率却不高，这往往与企业领导者无法精确地挖掘企业所需要的人才息息相关，而这却是做好团队建设与管理的前提。

为什么小微企业选人难？其中一个很重要的原因就在于小微企业的领导者或面试官容易误入选人陷阱，乃至遭遇“遇人不淑”的情况。小微企业所能提供的工作环境、薪资待遇都有限，往往在遇到一个貌似优秀的面试者的时候表现得迫不及待，忽略了人岗适配度的问题，最终导致人才流失、前期投入付诸流水的局面出现。

某家技术型初创公司的招聘负责人由于经验不足，再加上迫切需要技术人才的引入，在招聘人才时犯了认知错误，当应聘者对专业侃侃而谈、表现得很自信时，他认为应聘者专业知识扎实、有见地，是比较难得的人才，而忽略了对方的实践能力，如此招聘来的几个员工都出现了“眼高手低”的情况，企业的人才梯队迟迟无法搭建成功。

商界传奇大亨杰克·韦尔奇曾说，企业对人才的甄别是非常重要的，而他整整努力了30年，才终于将自己选人的准确程度从50%提高到了80%。企业选人，选错很容易，选对却是难上加难，如果不构建科学的岗位人才选拔标准，不确定团队打造的方向，就无法跳出选人陷阱，也就无法打好团队基础。

知识链接

什么是小微企业？

小微企业主要包括小型企业、微型企业、个体工商户和家庭作坊式企业等。在我国，衡量一家企业是否属于小微企业，除了要看企业从业人员的数量、营业收入、资产总额等指标外，还要结合企业所处行业的特性来具体分析。

1.1.2 团队中需要这几种人才

小微企业在员工数量上虽然比不上大中型企业，但也要尽量保持企业团队成员的分工全面，以质取胜。而一支优秀的团队，最好囊括以下四种类型的人才。

管理型人才——在靠谱的管理型人才的带领下，小微企业会向着正确的方向发展，并在这一过程中逐渐磨炼出核心竞争力。这一类型的人才首先要有丰富的管理经验、高明的前瞻性和游刃有余的应变能力，能够加强员工与员工、员工与企业之间的黏合性。

技术型人才——对于小微企业而言，技术型人才的重要性不言而喻，能给公司的发展提供底气和动力。而在一个团队中，技术型人才也是类似“定海神针”的存在。这一类型的人才必须掌握扎实的专业技能和深厚的理论知识，动手能力强，性格踏实中肯。

经营型人才——经营型人才直面市场，常在一线临战指挥，需要拥有当机立断的执行力、高明的沟通能力和良好的公关能力以及熟练的市场运作经验。

后勤型人才——后勤型人才的能力可能没有上述三者那么突出，但这一类型的人才协调能力强，相当于团队中的“管家”，办起事来认真细致，尤其是在面对一些较为烦琐、复杂的业务时能展现出自己超高的耐心。

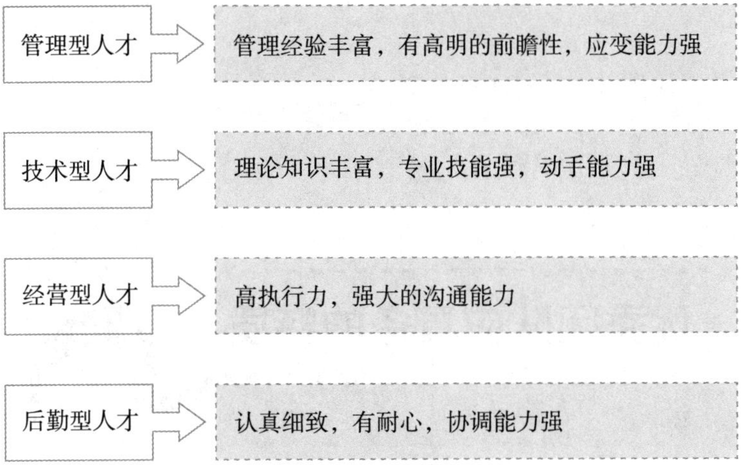

团队需要的几种人才类型及人才特点

1.1.3 团队结构搭建

想要让团队之间的协作变得协同有效，在一开始就要搭建好团队的组织架构，并根据团队中每名成员所扮演的角色、承担的岗位职能去梳理团队的职能架构，将具体的工作分配到具体的人身上。

当然，因所处行业、公司性质等的不同，小微企业内部团队拥有形形色色的组织架构，并不存在统一的形式，但都包括以下几个职位：管理者（下达决策）、执行者（执行决策）、鞭策者（监督任务完成的进度）、监测评估者（评估不同提案，检测项目完成度）等。

1.2 优秀团队应具备的特质

对于小微企业而言，什么样的团队才能称得上是优秀的团队呢？总体而言，应具备以下特质。

1.2.1 分工明确，目标一致

分工是合作的前提，唯有在分工具体、明确的前提下才能展开深度、密切的合作。如果一支队伍里，每个人对自己所需要负责的工作、承担的岗位责任一无所知，只是稀里糊涂地去做事，就很容易相互产生误解，以至相互限制各自能力的发挥，队伍最终也会变成一盘散沙。对于小微企业的经营管理者而言，如果想要带领团队前进，就要对团队成员进行清晰的角色定位，做到分工明确。

同时，只有共同的目标才能促成一支高绩效团队的诞生，这个目标像一面旗帜，将大家凝聚在一起，使团队成员心甘情愿地为目标付出。那么，如何保持团队目标的一致性呢？首先，要保证团队每名成员都高度认同企业文化，拥有相同的价值观、极强的团队归属感。其次，要对每名成员设置合理的工作标准，并定期进行考核。另外，需要注意的是，团队目标要具体、可量化，可分阶段设置目标（比如周目标、月目标、季度目标等），同时，还要将员工的个人目标与团队目标紧密结合起来。

1.2.2 管理到位，开放透明

优秀的团队离不开科学到位的管理，而这主要考验的是管理层的格局、心胸、理念、专业水平和管理水平等。小微企业的管理者需要在具体的实践中总结经验，不断提升自身的管理水平，在制订严谨的工作制度的同时，为团队成员营造开放透明的工作环境。

而要想打造开放透明的高效团队，最重要的是要建立平等、开放的交流渠道，确保上下级之间、同级之间沟通和谐，以此减少团队成员之间的矛盾，有效提高团队管理效率。

1.2.3 角色互补，资源共享

对于小微企业而言，团队成员并不一定要多，但一定要做到角色互补、资源共享，唯有形成 1+1>2 的组织模式，才能稳步实现预期目标。

所谓角色互补，指的既是能力互补、优势互补，也是性格互补、年龄互补等。这种互补性，能促进团队内在力量的充分释放。例如，某企业中张峰和李翔在团队里扮演着不同的角色，张峰是个实干家，性格较为安静，他专业能力强，每天都勤勤恳恳地埋头于技术研发工作，为提高企业产品的质量、用户体验感提供了强有力的保障。而李翔性格活泼，负责市场开拓方面的工作，在人际关系处理方面游刃有余。作为团队中的关键人物，张峰和李翔的精诚合作、优势互补使得项目完成的速度和质量远远超过预期。

所谓资源互补，即团队成员间的物质资料和创意资料共享、共用。

1.2.4 勇于挑战，持续成长

优秀的团队必然是勇于挑战、持续成长的，这是团队战斗力和生命力的体现。而优秀的团队必然也是在不断学习、不断成长的，在成长的过程中，管理者要利用期待价值，利用一个个阶段化的目标去激发团队成员的成长愿望，使团队成员找到提升的动力，让团队成员在取得一次又一次的成功之后，体会到更加深刻的自我价值。

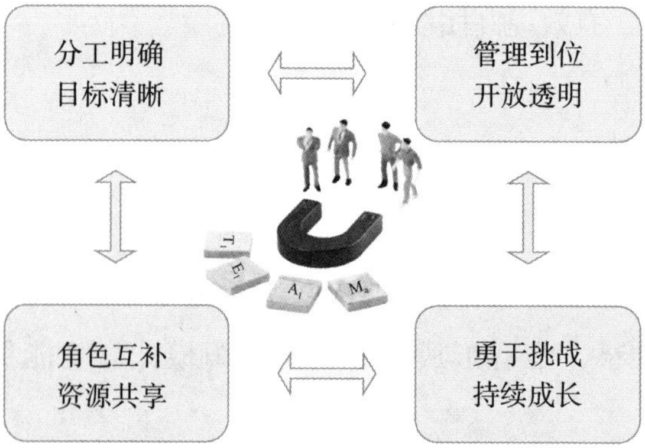

优秀团队的特质

1.3　不同管理理论，为团队管理赋能

苹果 CEO 蒂姆·库克曾强调，一流的团队管理是要为团队赋能，而非管控。小微企业的领导者若能游刃有余地利用不同的管理理论，便能有效为团队成员赋予能量，提高团队整体的应变能力。

1.3.1　管理方格理论

利用管理方格理论，能帮助小微企业的经营管理者确定团队领导方式。该理论由美国行为科学家罗伯特·布莱克等人提出，主要研究的是企业的领导核心、方式及其具体的效用，并以管理方格图的形式科学直观地呈现。在管理方格理论问世前，关于企业的领导方式，企业管理研究者主要持两派观点，一派认为企业生产是最重要的，另一

派认为员工才是重中之重。而管理方格理论则打破了这种非此即彼的论调，认为应该将两种方式按照不同的比例结合起来去领导企业前进。

管理方格图由各为 9 等分的横轴和纵轴组成，横轴体现的是企业对生产的关心程度，而纵轴体现的是企业对员工的关心程度。对于小微企业而言，如果领导者只考虑公司的生产进度、利益，却不关心团队中每名员工真正的诉求，企业发展只会频频受阻。小微企业既要关注具体的生产、工作，又要关心员工的个人发展及相关需求，尽量解决员工的后顾之忧，确保员工能全身心投入工作。

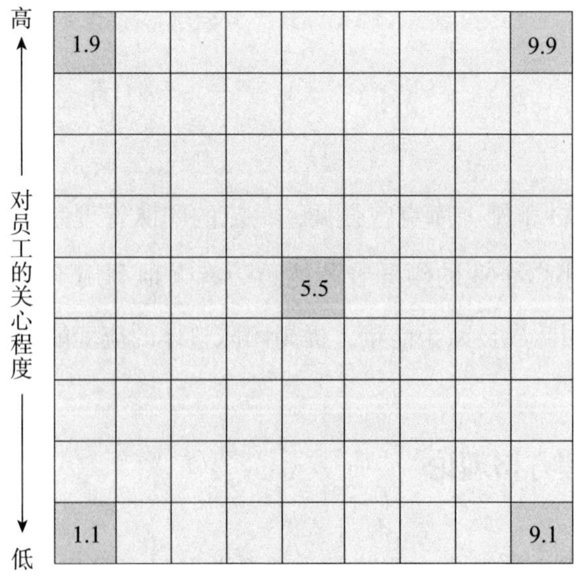

管理方格图[①]

① 饶美霞 . 小团队管理手册 [M]. 长春 : 吉林文史出版，2019：231.

1.3.2 新木桶理论

关于木桶理论，我们都不陌生，它最早由美国管理学家劳伦斯·彼得提出，指的是一只木桶所能盛放的水量取决于其最短的木板，而非那些长木板。拿小微企业的团队建设来说，培养核心员工固然重要，但若忽视对普通员工潜能的开发与利用，就会严重打击团队士气，影响队员间的默契合作。唯有重视团队中员工实力的均衡发展，补齐短板，才能有效提升团队竞争力。

而在竞争越发激烈的今天，木桶理论的内涵也有所扩展和延伸，发展成了新木桶理论。所谓新木桶理论，指的是木桶的盛水量除了由短板决定外，还会受到桶底及木板与木板之间缝隙的影响。何为小微企业团队的“桶底”？它指的是同一个信念、同一个拼搏目标，即团队成员之间的凝聚力，唯有“桶底”固若金汤，团队才能稳步前进。

而“木板与木板之间的缝隙”指的则是团队成员之间的协作能力，只有身担不同角色、身负不同责任的团队成员在沟通顺畅、相互信任的前提下，展开默契、紧密的合作，才能提升团队的执行力。

某家电器公司近几年来在当地一直具有很强的市场竞争力。尽管这家公司资本并不雄厚，资历也比不上当地其他老牌电器公司，所引进的高学历人才也不如其他公司多，但该公司发展却日新月异，利润也一年比一年高。有内行人指出，这家公司之所以能取得今天的成就，完全依赖于其优秀的员工团队。据了解，这个团队里并无特别杰出、优秀的人才，但员工间实力均衡，综合素质较高。因为没有明显的短板，加上团队成员多年合作培养出的默契和凝聚力，使得团队所创下的整体绩效一直在稳步提升。

由此可见，利用木桶理论和新木桶理论去培养一支固若金汤的团队对小微企业来说意义重大。

1.3.3 冰山模型

虽然小微企业团队的人数少、规模小，却并不一定好管理。如果领导者无法掌握团队成员的整体素质，就会在授权、调度、绩效评估等方面出现失误，影响团队协作，阻碍团队全面成长。

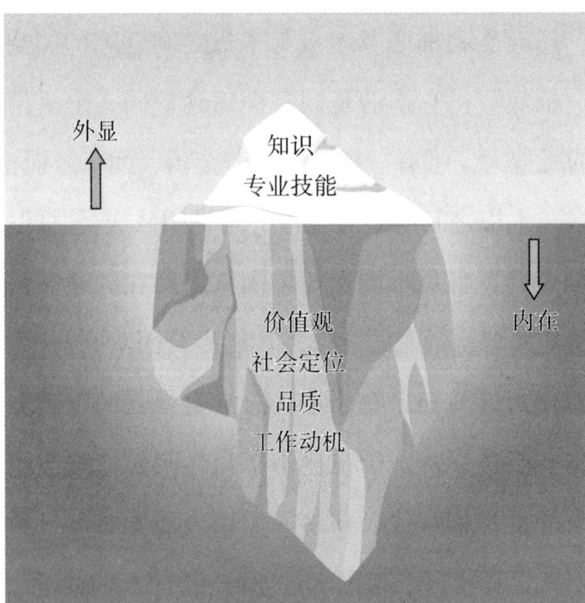

冰山模型：员工素质体系

小微企业的领导者可以利用冰山模型来了解团队成员的素质情况，

进行人才筛选与培养。

冰山模型由美国心理学家麦克利兰提出，他认为个体的素质包括“冰山以上部分”和“冰山以下部分”。其中，“冰山以上部分”容易了解和评估，比如个体所掌握的某项知识、专业技能等，而“冰山以下部分”则很难评估，如一个人的价值观、社会定位、自我认知、个人品质、工作动机等。麦克利兰强调，冰山以下部分才是决定个体能否成长为企业所需要的人才的关键。

冰山模型为小微企业的人力资源管理提供了更为宽广的视角，有着突出的应用价值，其在小微团队的成员选拔、岗位职能设计、员工培训与绩效评估等方面都助益良多。

1.3.4 蘑菇定律

某企业曾重金聘请了一位名校毕业生，该员工一入职便想着要大展拳脚，他将上司安排的日常工作抛到一旁，却经常找上司讨论企业经营战略问题，并自信满满地写了几个项目策划书越级提交给总经理。面对这名新员工自信过度的行为，企业管理者一致认为该员工并不符合本企业的人才标准，于是将其辞退。这名员工就是典型的眼高手低、不了解蘑菇定律的人。

何为蘑菇定律？蘑菇定律指的是组织或领导者对于新晋成员的一种管理心态，即给予新晋员工一定的试用期，让其像蘑菇一样在不为人注意的角落里努力生长，默默进步。蘑菇定律是十分实用的企业管理理论之一，可应用于新人选拔、培养等方面，很多知名公司的

CEO、高管等在新人时期都曾经历过蘑菇管理，而那段岁月也为他们自身的职业生涯打下了坚实的基础。

小微企业在选拔人才时，需要对待选人员进行一段时间的考察，唯有经过时间沉淀，才能找到企业发展真正需要的人才。小微企业的管理者也可通过蘑菇定律去帮助新人成长，职场新人大多刚出校门，此时对他们委以重任无异于拔苗助长，哪怕员工天赋出众，也有必要将他安排在普通岗位上去积累一些经验，充分激发其潜能。

另外，正如蘑菇生长需要养分，新晋员工也需要企业提供各种成长养分，如培训、轮岗等，促进其成长进步。

1.4　常见团队类型

根据不同的分类方法，可以将企业团队划分成不同类型，根据团队性质，企业团队可以分为销售型团队、生产型团队、技术型团队；根据团队风格，企业团队可以分为追随者团队、自我管理型团队、问题解决型团队、职能型团队。不同性质的团队在本书后面会详细解析，这里重点讲解不同风格的团队。

1.4.1　追随者团队

某创业公司刚成立时团队规模很小，只有五六个人，属于小而精的创业团队，每当公司接洽一个新项目时，团队成员有的负责起草项目计划，有的负责进行合作事宜谈判，配合十分默契。平时，这个团队里几乎每个人都能独当一面，且都身兼数职，最大限度地发挥个人才能。这家公司的项目团队就是典型的追随者团队。

所谓追随者团队，指的是一种自发形成合作关系的团队，因为目标高度一致，追随者团队的凝聚力强，团队成员具有较高的自觉协作能力，可以在一些创造性目标上发挥主观能动性，从而高效地完成任务。追随者团队具有成员地位平等、权力分散的特点，团队中的每一个成员都有发言权，能够较好地集思广益，不过因为没有集中领导，因此在决策上容易出现分歧，所以追随者团队往往需要良好的沟通渠道。

1.4.2 自我管理型团队

自我管理型团队通常具有责任清晰、成员权限充足等特点，工作节奏及工作决策由团队成员自己掌控，适用于那些需要通过自我价值认同来实现自我激励的工作。这种类型的团队可依赖成员的自我发挥得到创造性价值。此外，自我管理型团队也需要准确的考评及奖惩体系来保证平衡。

1.4.3 问题解决型团队

问题解决型团队通常规模较小，这类团队主要致力于发现工作中存在的问题并提出解决办法、评估解决方案的可行性等。因为工作的特殊性，提出问题、解决方案等往往需要参与具体工作的员工完成

（也有专门发现问题的部门，譬如公司的安全部门），所以该类型团队的成员往往不会因解决问题设立专门的部门，而是在需要解决问题或发现问题的时候由公司其他职能部门成员临时组建。

1.4.4 职能型团队

职能型团队一般为具有某种职责和任务职能的组织或部门，比如把专门负责管理的管理层人员整合在一起所形成的管理部门，专门为了开发市场而组建的市场部门等。

小微企业领导者需要注意的是，虽然职能型团队具有权力集中、责任分工明确、高度专业化等特点，但由于独立发挥职能的团队往往存在技术缺陷，如市场部的销售人员对生产技术知识有所欠缺，因此，职能型团队不容易形成具有足够高度和把控力的大局观。

1.5　常见团队管理制度

从社会科学的角度而言，制度指的是约束个体行动的一系列规则或一整套运作模式。小微企业在搭建团队的过程中，必须结合企业文化的价值观及实际发展状况等，制订一套清晰具体、科学实用的团队管理制度，以规范团队成员的行为，保证企业正常的运营。

常见的团队管理制度总结如下。

1.5.1　员工守则

小微企业的经营领导者可将员工在平时工作过程中需要注意的事项、遵守的原则等归纳总结为一整套行为规则，即员工守则。它一般包括以下几方面的内容：员工的道德规范，比如维护企业形象和信誉，保持良好的职业操守等；员工考勤制度，包括上下班时间、打卡等；员工休假请假制度，如年休假、婚假、产假、病假规定等。

1.5.2 会议管理

小微企业领导者可制订完善的会议管理制度，帮助掌握团队成员的工作进度，鼓舞团队士气。它一般包括每日的晨会、每周的例会以及一月一次的总结大会等。会议内容可包括：汇报工作进度、总结工作执行情况、提出问题、做出分析与点评、安排下一阶段工作任务等。当然，企业情况各不相同，各个企业需要根据自身情况去具体制订。

1.5.3 表格管理

企业员工可以利用表格来进行严格的自我管理，也能方便员工随时监管客户动态，而表格也是小微企业团队领导者进行团队管理的有力工具。

建立表格管理制度，能让员工的工作清晰、富有条理，也方便领导去具体监督，使员工工作进度一目了然，业绩一览无余。需要注意的是，表格的制作与数据的填写要符合规范，确保客观、真实、有效。

1.5.4 绩效管理

绩效管理制度又被称作“一把手工程”，因为很多企业都对此十分重视，通常由企业最高领导者亲自把关或亲身参与制订。

在小微企业团队内部推行绩效管理意义尤其重大。首先，通过绩效管理可以将企业目标层层分解至团队每名成员的身上，激发大家的参与感和危机意识。其次，科学合理的绩效管理制度可以带来正向的激励作用，以利充分挖掘员工的工作潜能和积极性，提高整个团队的竞争力。

小微团队领导者在制订具体的绩效制度的时候，需要注意以下两个方面的问题。

一方面，绩效管理要落实到团队中的每一名成员，做到人人有指标、人人有考核。

另一方面，绩效管理要考虑到新员工和老员工、岗位高员工和岗位低员工的区别，在传递相同的考核压力的同时，针对不同员工制订不同的考核指标和评判标准。

1.6 寻找你的团队成员

对于小微企业的领导者而言，一旦考虑清楚了团队类型、组织架构及团队所需的具体人才类型后，就要去积极地招募人才，一步步搭建起企业的人才梯队。那么，小微企业如何招募团队成员呢？

小微企业可以从多维度入手，通过不同的招聘渠道去选拔团队成员。如果你是小微企业的领导者或 HR，不妨先从最熟悉、靠谱的人选入手，以熟人圈子层层介绍的方式来招募合适的人才，这一熟人圈子一般包括你的同学、朋友、前同事或工作群里相识的人等。

另外，可借助丰富多样的外部招聘渠道来寻找团队成员。

其一，综合性或专业性招聘平台。这一类平台上既有各个公司发布的招聘信息，也包括求职者的求职信息，典型的有智联招聘、前途无忧、BOSS 直聘、58 同城、拉勾网、猎聘网、百度百聘等。

其二，垂直性招聘平台。小微企业可在垂直性招聘平台上发布相关招聘信息，以便有针对性地吸引人才加盟。垂直性招聘平台有以地域划分的，比如北京招聘网、南京招聘网等；也有以行业划分的，比如化工英才网等。

其三，社群媒体平台。如微博、小红书、脉脉、领英、朋友圈、QQ 群、公司官网及公众号等。

其四，其他。包括委托第三方（如猎头公司）寻找合适的人才，或在每年的毕业季进行校园招聘等。

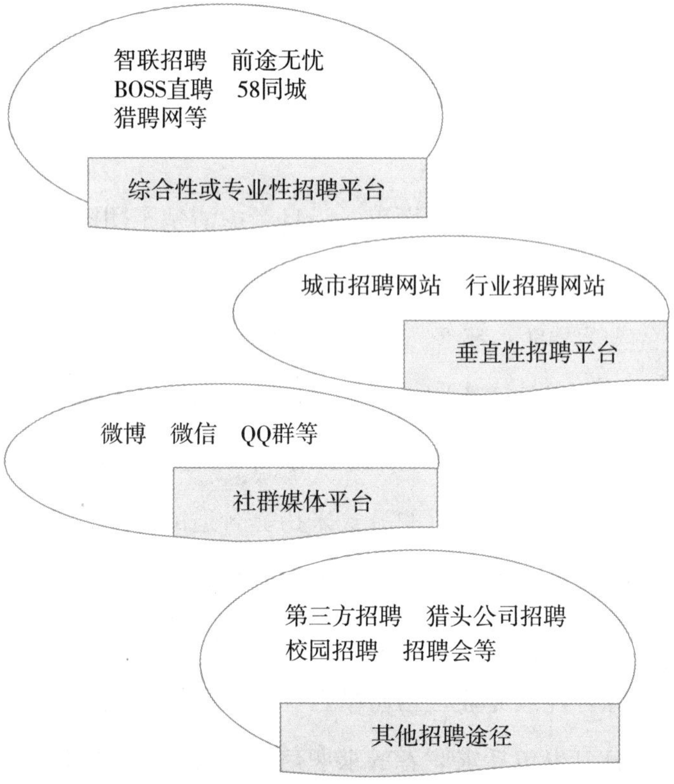

多样化的外部招聘渠道

小微企业如何吸引更多人才加盟？

如果你是一家小微企业的领导者，招募新人恐怕是让你感到头疼的事情之一。小微企业条件有限，所能提供的薪资待遇、福利等对于很多应聘者而言并不具备足够的吸引力，为了激发起应聘者的兴趣，为公司招募到合适的人才，企业领导者或面试官不妨尝试以下技巧。

● 精心撰写职位描述

如果公司名气不大，却又想吸引优秀人才的目光，不妨在撰写职位描述的时候突出公司某方面的特质，展现公司独特的企业文化。比如一家文化传媒公司曾在职业描述中突出了这一点：可为员工提供写作辅导、出版个人作品的机会。

● 完善招聘、应聘体系

俗话说，麻雀虽小，五脏俱全。越是小微企业，越要规范制度，将招聘、应聘体系中的每一个环节都梳理清楚，每一步都做到位，比如努力提升应聘者的应聘体验，力求给每一位应聘者留下专业、真诚的好印象。

第2章

打造优秀团队，优化管理力

小微企业规模小、实力弱，要想在千军万马中搏出生路，就必须依靠团队的力量。打造优秀的团队，离不开领导者卓越的个人能力和先进的管理理念。

作为管理者，只有明确自我定位、严于律己，时刻以团队利益为先，与员工深度沟通协作，才能让团队日益壮大，带动企业快速发展。

2.1　团队领导者的不同风格

作为团队的领导，既要保证团队工作按时保质保量完成，又要关心团队成员，给成员发挥的空间，领导者的管理风格决定了团队的工作方式和成员之间相处的模式。

2.1.1　“英雄式”领导

一些领导在团队中具有绝对的领导地位，拥有绝对的权力，他们告诉团队中的每个人该做什么，所有人都必须按照领导的思路去完成工作和任务。这样的领导就像团队中的“英雄”，他们知道团队要做什么，了解团队发展的方向，他们指引着团队完成预定的目标任务，实现业绩增长。

在企业遇到危机时，“英雄式”领导者往往能成为团队的主心骨和定心丸，仿佛只要有领导在，一切问题就都能迎刃而解，大家只需要跟随他的脚步即可。能够力挽狂澜的领导真的可以称得上英雄，这种领导在特定时刻既能够帮助公司渡过难关，也能够稳定人心。

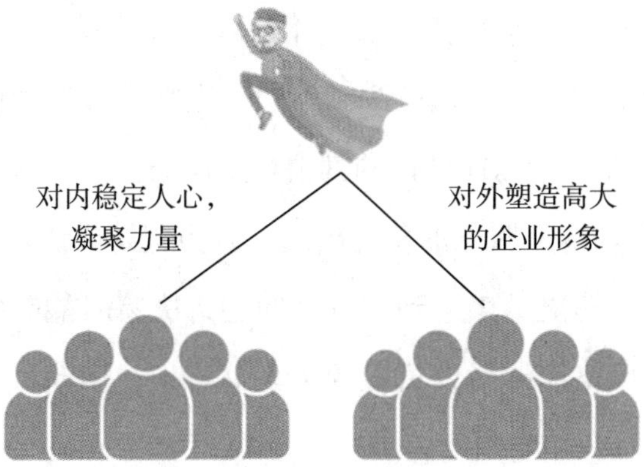

“英雄式”领导

“英雄式”领导在企业建立初期规模较小或遇到危机时能够发挥重要的作用，如对内稳定人心，凝聚力量，对外塑造高大的企业形象等。但是在平时管理中以及当企业发展壮大后，这种领导方式存在的一些弊端就显现出来了。

- 平时管理中“英雄式”领导较少听取员工的意见，容易导致员工对企业缺乏归属感。
- “英雄式”领导的权力高度集中，企业是否能够高速发展完全取决于个人的能力，无形中增加了企业面临的风险。
- 当企业发展到一定规模，领导者一个人往往无法考虑全面，只有动员更多的员工参与决策，大家共同努力，才能让企业快速发展。

“英雄式”领导风格的弊端

2.1.2 “仆人式”领导

鉴于“英雄式”领导存在的弊端，罗伯特·K. 格林里夫于1977年出版了《仆人式领导》，提出了“仆人式”领导理论。“仆人式”领导风格与“英雄式”领导风格截然不同，它将领导在团队中的作用视为“仆人”，主张领导为团队内的其他员工服务。

“仆人式”领导从服务的角度出发，认为领导应认真听取员工的意见，关心员工，解决员工遇到的各种问题，决策时能够综合大家的意见。这种领导风格能够激发员工的主人翁意识，调动员工工作的积极性，增强员工对企业的归属感。

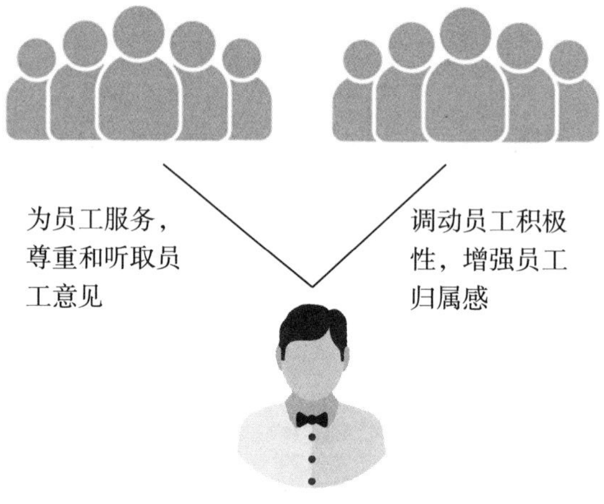

“仆人式”领导

但是“仆人式”领导也存在一些问题。如领导者倾听、采纳员工的意见和建议固然是好事，但是当多个员工意见不同时，必然无法采纳所有人的观点。“仆人式”领导这种比喻也并不恰当，因为仆人的权力通常十分有限，而企业领导者显然不同。

2.1.3 “主人式”领导

“英雄式”领导与“仆人式”领导好像站在两个极端：一个权力极大，另一个权力极小，二者皆有不足之处。

马克·麦克高博士在2015年提出“主人式”领导，这种观点把领导者比喻成主人，把员工比喻为客人。主人招待客人，既要进行事项安排、组织活动，又要服务客人、给客人留有自由的空间。“主人式”领导涵盖了“英雄式”领导和“仆人式”领导的优点，这既能发挥领导者的领导力，又能照顾到员工的感受，因此这种理念越来越流行。

“主人式”领导

采用“主人式”领导风格的领导者在制订任务和完成任务过程中，应统筹全局，并在任务开始前做好准备工作，在任务结束后进行反思，总结工作中的不足。遵循以人为本，领导者在管理过程中应为员工创造机会使其发挥最大的价值，行使权力时，应照顾员工的感受，尊重员工的建议，而不是独断专行。作为领导要具有责任心，为工作中发生的所有事情负责。

“主人式”领导是比较理想的领导风格，根据领导者个性和行事风格的不同，又可细分为六种具体的领导风格。

民主型领导风格	通过不断征求意见和认真倾听建议来培养团队内部的共识。
远见型领导风格	擅长为特定的问题寻找新的方向和新的潜在解决方案。
教练型领导风格	注重培养深层的人际关系，以便更透彻地理解个人的希望、信仰、梦想和价值观。
亲和型领导风格	注重在团队中建立信任，并建立情感纽带来提升归属感。
领跑型领导风格	以采取行动而闻名，以身作则，为自己设定高标准，激励他人效仿。
指挥型领导风格	善于给出指示，并期望其他人毫无疑问地服从命令。

“主人式”领导的六种具体领导风格

企业不同发展阶段，哪种领导风格更适用？

概括来讲，各种领导风格之间没有好坏之分，不同个性的领导者会根据自身情况选择适合自己的领导风格。在小微企业发展的不同阶段适用的领导风格也各不相同。

● 小微企业的初创期

小微企业在起步阶段往往面临各种困难和危机，企业此时的目标是“活下去”，为了实现这一目标，领导者需要集思广益，打“亲情牌”，团结所有员工力量，因此亲和型领导风格此时更受欢迎。

● 小微企业的发展期

度过了初创期，小微企业逐渐进入正轨，来到了发展期。此时的企业目标是做大做强，需要领导者为公司的发展提供助力，因此，在此阶段更需要远见型领导风格和民主型领导风格。

● 小微企业的成熟期

小微企业到了成熟期，需要制度化和规范化，同时领导者的领导力对企业发展具有重要影响。这个时期需要领导者具有大局观，可以平衡长期利益与短期利益的关系，平衡稳定与发展的关系。这个时期一个团队可能需要多种领导风格结合，如远见型、教练型、领跑型等多种领导风格相结合。

- 小微企业的危机期

当小微企业遭遇危机时，员工容易为前途担心而不知所措。这时候通常需要指挥型领导风格的管理者来统领员工，告诉每个人该做什么，让工作重回正轨。

领导者的领导风格也不是一成不变的，根据领导者个人的成长以及企业所处的不同阶段，领导者的领导风格也可能会发生变化以适应公司的发展。

2.2　明确自我定位

管理者协调、组织他人同自己一起完成特定的目标或任务，这个过程就是管理者进行管理的过程。管理者在管理的过程中要明确自己的角色和自我定位，才能做好本职工作，更好地完成任务。

管理者包括三大角色：初级管理者、中级管理者和高级管理者，不同的角色需要承担的工作任务和责任不同。

作为初级管理者最重要的是带领团队保质保量地完成上级领导制订的任务和目标，因此初级管理者最重要的品质就是卓越的执行力。

一个企业的中级管理者需要负责企业中大大小小的事务，他们需要协调各部门完成上级管理者的规划和整体目标，还需要对各部门的绩效进行考核。

作为企业的中级管理者，有时学会授权比亲力亲为更有成效。如果说初级管理者凡事还能勉强亲力亲为，那么到了中级管理者如果还是如此则会力不从心。

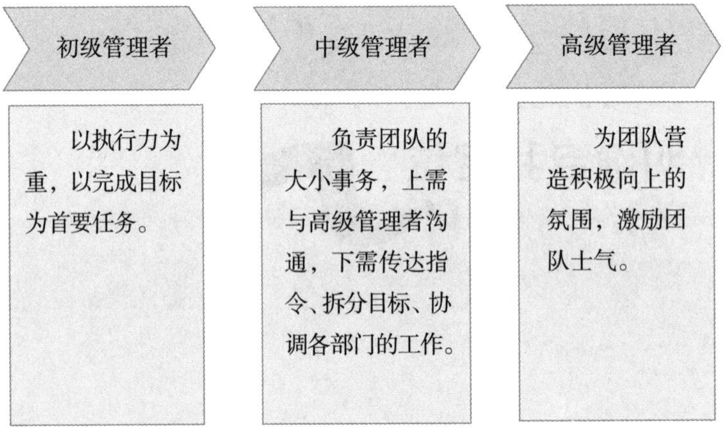

管理者的三种角色

领导者往往具备优秀的品质和才能，下属一开始可能无法做到如领导者一般完美，如果因为下属做得不够完美就代替下属自己去做，那么下属不仅无法成长，还会感受到挫败和不被信任，工作积极性也会受到影响。

某企业要开展促销活动，经理 A 将促销活动交给员工 C 组织。C 积极准备，但活动当天来了很多客户，C 由于经验不足，导致客户体验不好，对企业很有意见。事后 A 并没有批评 C，而是鼓励 C 总结经验，之后仍然继续给 C 机会。C 在 A 的鼓励下积极改进自己的工作方法，终于成长为企业骨干。

如果一开始因 C 做得不好 A 就再也不给 C 机会，改为亲自组织，那么 C 不仅无法成长，工作热情也会消减，公司也会因此丧失一位优秀的骨干。

企业的高级管理者无须过度关注工作的细节、工作的具体执行以及组织调度等工作，而应更关心企业的发展方向，制订企业的发展目标，并在企业内部努力营造积极向上的工作氛围，形成独特的企业文化。

总之，高级管理者无须过度关心专业研发、生产等细节，他们需要做的是把控企业员工的工作风气和工作状态，让企业充满活力，从而提升企业的竞争力。

2.3 严于律己，宽以待人

作为领导，对待自己要严格要求，对待下属反而要宽和包容，正所谓“严于律己，宽以待人”，这既是君子待人之道，也是领导应有的工作作风。

2.3.1 领导者如何自律

领导者应严于律己，先律己，再律人，那么如何做到自律呢？具体来说应该注意以下几点。

◆ 要学会自省

曾子曰：“吾日三省吾身。”意思是每天多次反省自己。作为管理者，需要经常自省，如回顾一天的工作，想一想别人有什么优点可以借鉴，自己有什么缺点是需要改正的，工作流程哪里是可以简化的，等等。经常自省有助于发现自己的缺点和不足，自省过程中对事情进行复盘有助于找到处理问题的更优办法。

◆ 要有公平心

作为管理者，处理事情、分配资源时要有公平心，不能因为跟某人私下关系好就对其多加偏袒，这样容易让其他员工感到不公平，认为工作干得再好也没用，还不如跟领导搞好关系。长此以往，不仅影响员工的积极性，企业内部也会形成谄媚的风气。

A 企业是处于发展期的小微企业，张某入职 A 企业以来一直兢兢业业地工作，任劳任怨，再加上他的专业技术能力强，很快就能独当一面，成为多个项目的重要研发人员。李某与张某同时入职，专业技术上不如张某，但是李某擅长交际，逢年过节常去领导家里走动，与领导关系很好。年终评选时，领导将“最佳新人员工奖”颁给了李某，这不仅让张某感到心寒、不公平，也使其他员工无心钻研技术、提升自己的能力，致使后来多名员工离职，A 企业一度陷入危机。

◆ 要有主动服务的责任心

作为领导者，最主要的工作是带领员工完成任务。小微企业的管理者要想让员工充满干劲、积极主动地工作，就要有一颗为员工服务的“公仆”心。平时多关心员工的工作状态，员工遇到困难时，及时跟员工沟通交流，帮助员工一起解决问题，这样不仅能保证任务顺利完成，而且能让员工体会到团队的温暖，提升团队的凝聚力。

◆ 要成为规则的遵守者

员工应遵守企业规章制度，领导尤其要以身作则，如果领导对自己放宽要求，带头不遵守规则，那么就无法在团队中建立威信，让其他人信服。

张某是一家小微企业的管理者，在项目紧急时期，张某要求大家每天加班以加快项目进展，然而，张某自己却经常早退，这让团队成员都心生不满，工作消极，最终延误了项目交付时间，给企业造成了损失。

2.3.2 领导者如何宽以待人

宽以待人是指领导者要为人大度、有气量、能容人，在大事上坚持原则，一般问题上求同存异，要做到这些需注意以下几点。

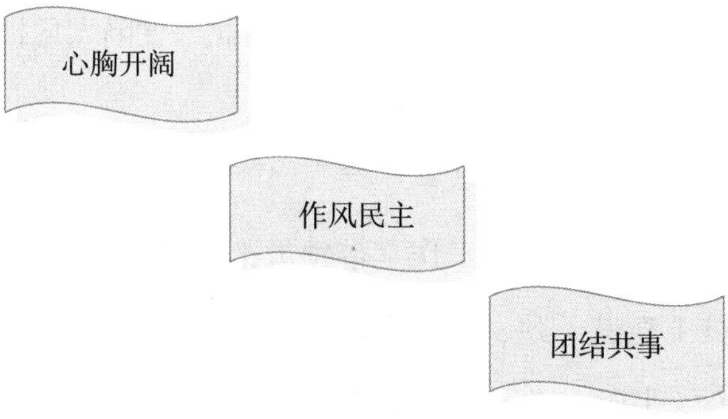

宽以待人的做法

作为领导者，要心胸开阔，如果是自己做错了，不能因为自己级别高就不向员工道歉；要保持民主作风，集思广益，认真听取别人的建议和意见，不能刚愎自用、独断专行；要团结所有可以团结的人，利用所有可以团结的力量，不能因为员工出现过某些失误就不信任，不能因为员工曾经提出过反对意见就心怀芥蒂。

需要特别指出的是，宽以待人并不是指领导者故意包庇下属的错误，企业的规章制度是所有人都必须遵守的，否则，这些规章制度就没有任何意义，无法起到约束作用。

2.4　做好情绪管理

企业以团队的形式组织工作，企业团队想要蓬勃发展、取得成绩，就离不开团队人员之间的平等、和谐相处与协作，这就涉及团队内部人员的情感、行为和情绪问题，管理者的情绪可能对这个团队产生影响，因此管理者更应做好情绪管理，否则，将影响团队人员的工作效率。

2.4.1　增强自我意识

每个人都会有各种各样的情绪，有时候难免陷入情绪旋涡而无法自拔，给自己和他人带来一些不好的影响。那么，在团队管理过程中，应该如何做好情绪管理呢？要解决情绪问题首先要增强自我意识，可以更好地了解自己，让自己能够及时地从情绪中抽离出来，客观、理性地处理事情，并且以后在遇到类似情况时能更好地处理而不至于再次被情绪掌控。

那么如何增强自我意识呢？以下做法或许可以帮到你。

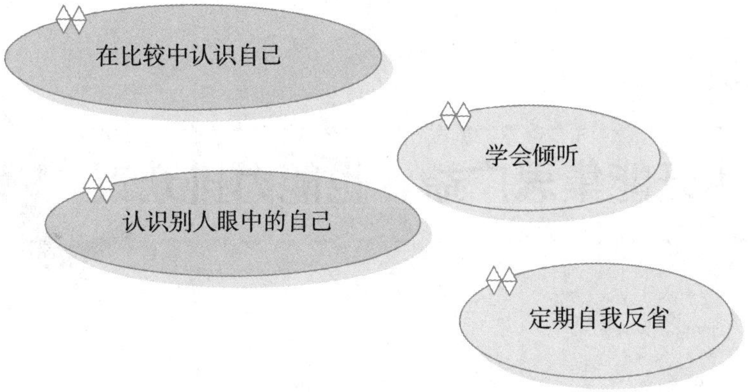

增强自我意识的方法

2.4.2 如何控制自己的情绪

作为管理者，上级领导布置的任务要按时完成，团队内部成员反映的问题要及时处理，当众多事情累积到一起时出现情绪问题是十分正常的，那么，作为管理者应该如何控制自己的情绪呢？不妨参考以下建议。

考虑后果——情绪失控前多想想可能产生哪些后果，不要带着情绪去思考和做事，如果情绪无法平稳，就多给自己一些冷静时间，等心绪平复后再处理事情、解决问题。

换位思考——大部分人多以自我为中心思考问题，有情绪问题时不妨换个角度，站在对方的角度来看待问题，可能豁然开朗。

注意场合——提醒自己不要在一些正式公共场合情绪失控，否则不仅让他人难堪，也会令自己的形象受损，如果处理不好，还会影响自己的威信和团队内部的和谐。

2.5 既能集思广益，也能力排众议

俗话说“三个臭皮匠，赛过诸葛亮”，大意是说三个普通人的智慧集合到一起比料事如神的诸葛亮还厉害。作为小微企业的管理者要认识到个人的能力终归是有限的，集思广益，多听取他人的意见，既能使看问题的角度更加全面，避免工作中出现失误，又能增强团队的凝聚力。

集思广益要求以一颗包容的心听取不同的意见和建议。针对不同的观点，管理者是否就要一味地附和呢？其实并不是，管理者要具有筛选和整合意见与建议的能力，在关键问题上如果大家的意见不一致，无法融合，管理者还要统筹大局、科学分析，一旦确定了方案，就要力排众议，笃定前行。

邓亚萍在 13 岁时就在全国比赛中击败成人对手获得冠军，但是

国乒教练组的教练认为她的身高太矮，将来难有大的发展，于是反对她加入国家队。教练张燮林却不这么认为，他拿出邓亚萍打球的数据，认真分析，终于说服其他教练将邓亚萍引进了国家队，正是教练张燮林的力排众议，才有了后来女乒国家队的辉煌成就。

上述案例启示我们，小微企业起步艰难，一些关键时刻的决定可能影响着小微企业的存亡，因此小微企业的管理者在关键时刻更要有力排众议的魄力。

2.6　巧妙应对员工的挑战性行为

员工出现挑战性行为时，首先要分析这是偶然发生的还是经常出现的。当员工家庭或工作突然出现问题时，可能会让员工一时情绪失控做出一些挑战性行为，例如员工家人突然生病，工作任务又突然加重，员工一时难以平衡家庭和工作中的问题，就可能出现顶撞领导、对工作分配不满等问题。

面对这种偶然发生的挑战性行为，管理者首先要了解这种行为背后的原因，关怀员工，询问员工最近是否遇到了什么困难，然后想办法跟员工一起克服困难。这样，员工在感受到管理者关怀的同时，也会意识到自己之前挑战性行为的不妥，自然就会加以改正，问题也就迎刃而解了。

如果是经常性出现的挑战性行为，那么可能跟个人的行为方式有关，员工可能没有意识到其行为已构成了挑战性并影响到了整个团队。面对这种员工，如果员工愿意去改变，可以考虑从以下几个方面着手。

首先，向员工清楚地说明哪些行为会对团队造成影响，在说明时，也要肯定员工对团队的贡献，否则，就很容易打击员工的积极性。

其次，给员工提出合理的建议，与其共同制订可行的改变方案。员工在反思自己的同时，作为领导者也应根据自己的观察，帮助员工扬长补短，共同制订出一个切实可行的方案，这个方案最好有明确的评价标准，这样大家就能通过员工的表现看到他的改变。

最后，如果员工无法改变，就应该帮其分析需要承担的后果。遇到一些行为极端且无法改变自己的员工，其行为会对整个团队造成不良的影响时，要考虑是否有必要将其从团队中剔除或提前干预其行为。

2.7　守住个人和团队的底线

由于个性的差异，每个管理者的管理理念、管理方式以及管理风格都有所不同，但是无论差异如何，以下一些底线是每个管理者都要坚守的。

（1）以团队利益优先。现代社会是一个讲究分工、高度合作的社会，一个管理者无论能力多么出众，单凭个人也无法与团队比拼。作为管理者，当团队利益与个人利益发生冲突时，应毫不犹豫地以团队利益优先，水涨船高，只有团队发展得好，个人才能相应地获得好的发展。

（2）高标准严格要求自我。领导者管理着整个团队，是整个团队的团魂，领导者自己的工作作风往往影响着整个团队的“精气神儿”。一个优秀的管理者，只有高标准严格要求自己，才能带领团队一起进步。

（3）以服务者的姿态对待员工。管理者与团队成员是合作关系，管理者虽然是领导，但是如果没有下属，领导也就不复存在。作为管理者，要以服务者的姿态对待员工、帮助员工成长。只有员工成长了，团队才能得到发展，管理者自然受益。

（4）公平管理，以结果为评价标准。公平的重要性在管理中不言而喻，如何做到公平呢？那就要以事实说话，以工作成果为评价标准，这样，任何主观和客观的原因都无法成为借口，所有人的工作都应有合理的衡量标准。

（5）用沟通解决问题。有研究表明有效沟通可以解决工作中的大部分问题，可见沟通的重要性。作为管理者应注重沟通的技巧，充分发挥沟通的作用。

（6）高调做事，低调做人。管理者做事时要敢闯敢干，有雄心和气魄，高标准、高目标严格要求自己。与人相处时则要放低姿态、谦虚谨慎、不招摇、低调做人。

（7）学习、学习再学习。社会在不断发展，每天都有新的事物产生，想要前进或一直保持前列就要不断地学习，好的学习能力是管理者必备的素质。

（8）自我反省。自我反省能让一个人更好地了解自己。在取得成绩时自我反省可以避免自己骄傲自满、停滞不前，在事业遇阻、发展不顺时自我反省有助于总结经验教训，快速走出困境。

（9）提高执行力。不到实践中去操作，理论懂得再多也没有意义。行胜于言，行动往往比空谈理论更具有说服力。

总之，能始终明确并坚守底线是一个优秀的管理者必须具备的基本素质。只有这样，才能带领团队做强、做大。

知识链接

如何提高小微企业团队的执行力?

小微企业团队执行力差可能是由多种原因造成的，只要根据具体原因采用相应的解决办法即可提高小微企业团队的执行力。下面就从多个角度介绍提高小微企业团队执行力的一些方法。

● 确定目标。目标是指引员工工作的方向，如果目标不明确，员工不知道朝着哪个方向努力，自然就会导致执行力差。想要解决这个问题，就要明确目标，既要制订长远目标，又要制订短期目标，将大目标进行拆解，分成一个一个具体可执行的小目标，以此提高员工的执行力。

● 提高员工个人执行力。如果是员工个人的问题，如做事喜欢拖拉、拖延症严重或工作积极性不高，管理者可以通过与员工沟通提高员工的执行力，如果是员工专业能力不足则可通过培训来提高其执行力。

● 奖罚分明。奖励可以激励员工更加努力地工作，惩罚可以避免员工做不利于公司的事情，奖罚分明可以提高员工的执行力。

● 提供有效的监督。如果没有有效的监督，员工的工作可能会偏离方向，从而导致执行力不足，团队中的领导者应起到监督的作用，帮助员工提高执行力。

第3章 合作共赢，增强团队凝聚力

在竞争激烈的市场环境中，小微企业起步艰难，发展路上更会面临各种挑战与困难，如果盲目跟风，或一意孤行，就会让企业多走弯路。

在小微企业生存与发展的路上，要想坚定地走好每一步，应重视增强团队的凝聚力，集思广益、群策群力、同舟共济，只有这样才能在市场竞争中拼出一条生存之路，并让企业持续做强、做大。

3.1 用人不疑，疑人不用

3.1.1 摆正用人的心态

关于用人之道，古人早有探讨。三国时期的刘备知人善任，从不怀疑部下；北宋欧阳修的《朋党论》中讲了巡检郭进用人不疑、还为诬陷自己的人求取官职的故事；唐代白居易在《策林三·君不行臣事》中也曾提到用人的艺术：“疑则勿用，用则勿疏。”

小微企业经营管理者，带领团队在市场竞争中谋生存、求发展，也要懂得用人，用人心态要摆正，用人贵在“不疑”。

具体来说，用人“不疑”主要表现在两个方面：一方面，要给予员工最基本的信任，多鼓励员工，相信员工能胜任岗位职责、能如期完成工作任务。另一方面，要相信员工对企业的忠诚，应鼓励员工积极寻找与维系企业客户，而不必要求员工将企业客户都移交给自己或自己的“亲信”。

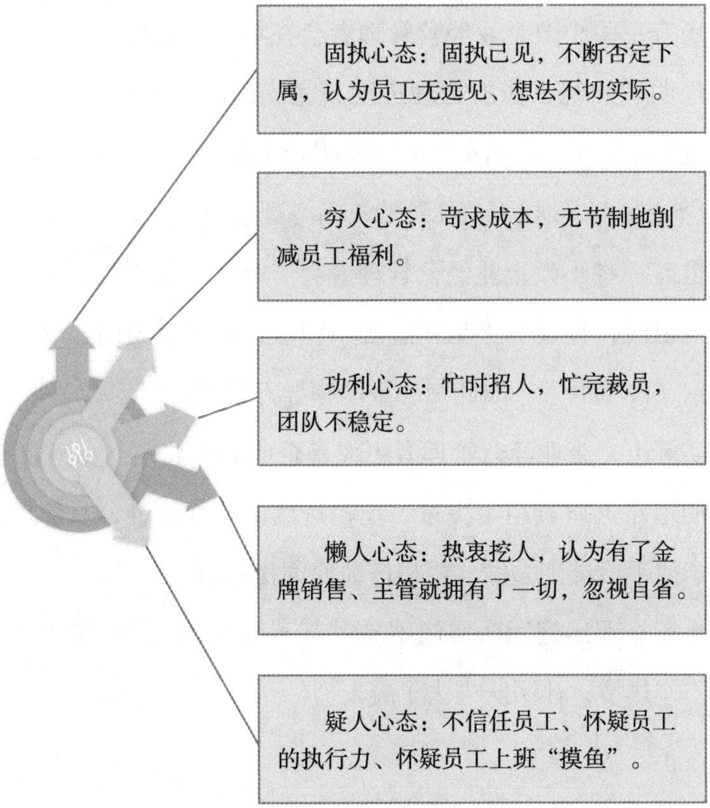

不合理的用人心态

3.1.2 信任你的员工

员工失去了信任，也就失去了工作热情，因此合理用人，要将信任员工放在首要的位置。

一些小微企业经营管理者，尤其是初创企业经营管理者，容易“凡事亲力亲为”，总是不放心将工作交给其他人来做，担心员工做不好、做不到位。

还有一些小微企业经营管理者会在将工作分配给员工之后，在员工已经明确知晓工作的合理进度、完成期限、注意事项等的情况下，仍反复多次找员工谈话、开会强调相关事宜，这样容易给员工一种“老板不放心”“领导不信任”的负面心理感受。

也有一些小微企业经营管理者会“盯紧”员工的一举一动，员工准时下班时，怀疑员工工作态度不积极；员工加班时，又怀疑员工工作懈怠、效率低下。如此疑心重的领导万万当不得。

实际上，企业经营管理者更像是企业的掌舵人，在企业不断做大、做强的道路上肩负制定决策、把控进度的重要责任，具体的执行工作要敢于放手给员工去做，要相信他们的执行力。

小微企业组建团队实属不易，万不可因为不信任员工而让员工降低了工作热情，让团队失去了凝聚力。

3.2 任人唯贤，而不任人唯亲

3.2.1 明确企业的用人标准

对于任何企业来说，人才都是企业发展的内驱力。小微企业在市场中起步晚、发展阻力大，更需要优秀人才的加入。

小微企业在市场中的抗打击能力相对较弱，如果不能择优选任人才，可能会给企业带来致命的打击。

张先生在大城市打拼数年后回乡创业，几番周折后，在家乡创办了一家果干生产公司，凭借家乡特色水果和自身的专业技术及管理经验，企业很快小有名气。在用人方面，张先生自有考量，但父亲却认为“肥水不流外人田”，与其花高价请外人，不如聘请彼此有人情往来的亲戚，于是，私下安排了很多亲戚进公司，之后，问题很快就出现了。

先是产品经理多次向张先生反映产品不合格率攀升的问题，但始终查不到原因。接着，张先生接到一位重要客户的投诉：一批果干胀袋问题严重。张先生在启动应急预案后迅速展开产品生产溯源，经查是使用了一批不新鲜的水果原料所致，而这批原料的采购负责人正是跟父亲"走后门"进来的一个表哥，这个表哥表示这样做是为了帮一位果农朋友的忙，也是为了给公司省钱，这批果干未经产品经理签字混入生产线。张先生气愤不已，果断辞退了这位表哥，并清查和辞退了多个"走后门"进入公司的不符合岗位工作要求的员工，为公司以后的长远发展清除了后患。

用人的抉择

不可否认，有很多小微企业依靠亲友的支持起家，尤其是在企业起步阶段，企业经营管理者自身及亲友在企业中扮演了员工的角色，亲朋好友中不乏工作能力出众者，但作为企业经营管理者应充分认识到，"亲"并非用人的唯一标准。

在企业人员任用方面，“贤”是用人的唯一标准，如果拟任用的员工工作能力、人品、态度等不符合岗位要求，那么再“亲近”的人也要“远之”，应坚决不予录用，否则只会让企业掉入“人情陷阱”，置企业于危险之中。

3.2.2 小微企业用人的基本法则

◆ 明确团队成员角色定位

起步之初，企业团队建设往往缺乏科学性，团队的层次与分工不明确的问题比较普遍，团队建设需要不断调整与完善。

随着小微企业团队的逐渐稳定，团队中决策者、管理者、执行者的角色越来越明朗，这时，就需要明确团队各成员的角色定位，确保企业团队中各成员能顺畅沟通、协同合作，共同推动企业发展。

贝尔宾团队角色理论认为，一个完整的团队一般包含九种角色，在团队中，不同的团队成员会扮演不同的角色，有些团队成员可能同时扮演多个角色。

◆ 制度预防、制度管理，对事不对人

从人的社会属性和人性方面去分析，一个人总是会与周围的人存在或多或少的人际关系，人有七情六欲，总会受到个人情感或情绪的影响。因此，企业在用人过程中，要充分考虑人自身的局限性，要学会用企业制度去明确权责、预防“任人唯亲”，用企业制度去监督和制约权力、去管理人。

在具体的工作开展过程中，就事论事，及时发现、处理问题，坚持“制度第一、人情第二”的管理理念，切不可让人情和情感占据企业管理的上风。

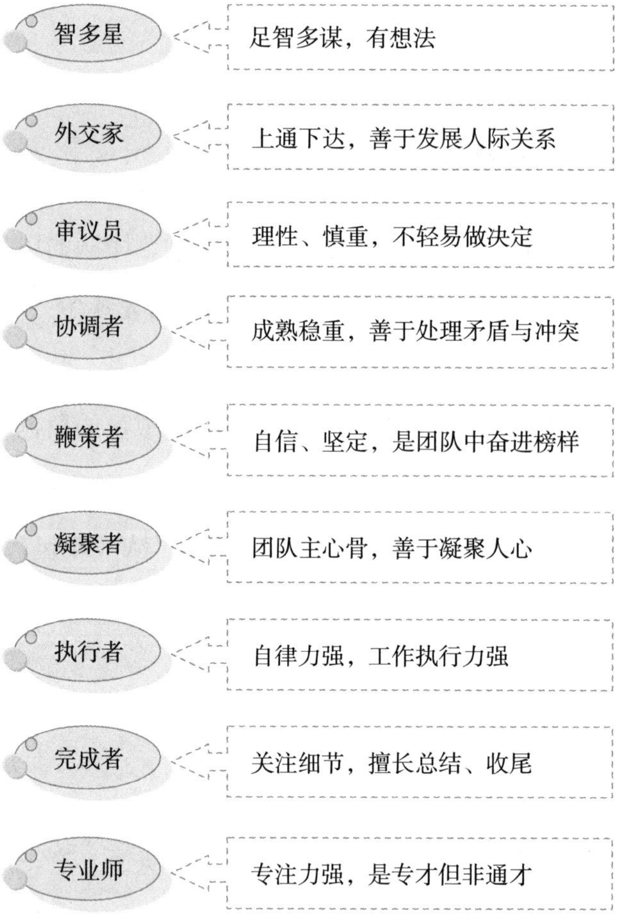

贝尔宾团队角色理论的团队角色类型

企业管理中，“人”和“事”如何分开？

很多有企业经营管理经验的人都普遍认为，对事不对人、“人”“事”分开是管理的最高境界。那么，在小微企业管理过程中，“人”和“事”如何分开呢？这里有以下几点建议。

- 群策群力确定公司制度，引进科学高效工作制度，企业所有员工共同参与企业制度建设，不允许“特权者”存在。
- 统一工作原则与方法，明确工作标准（如质量标准、数量标准），同样工作性质的员工评优标准统一。
- 规范工作流程，任何人都不能脱离企业既定流程违规操作。不能依靠人情做事，而要根据流程做事。
- 将员工个人职业发展目标融入公司目标，增加员工工作的内驱力，只要员工努力就有晋升空间，摒弃家族企业任人唯亲、能者多劳却不多得（升职、加薪等）的用人方式。

3.3 因岗设人

3.3.1 用对的人，做对的事

小微企业因岗设人可以在很大程度上避免人员冗余的问题，能有效控制企业的用人成本。

因岗设人，要兼顾岗位、人员、工作三个方面的内容。简单来说，就是“用对的人做对的事”。

首先，明确岗位需求。

小微企业在岗位设置中应始终坚持岗位的必要性，岗位不空缺、不重复，为企业设置“对的岗位”。

对于小微企业来说，岗位的数量是否合理可能会直接影响企业的发展进度，如果岗位空缺严重，那么企业的生产、运营工作将无法正常开展；如果岗位冗余，那么会让企业负重前行。

其次，选定岗位人才。

小微企业应结合自身情况选聘符合岗位要求的人才，避免大材小用或小材大用。在“对的岗位”上安排“对的人”，只有企业的不同岗位上都拥有了合适的人才，企业才能整合不同人才的合力全速运转，这是小微企业稳步前进的重要基础。

最后，分配岗位任务。

企业的整体运转，需要不同岗位上的人员相互协作完成各自的工作任务，进而完成企业的整体工作任务，让在“对的岗位”上工作的“对的人”做“对的事”。

对于一家企业来说，每一个岗位都像是企业这台机器上的一个齿轮，企业的正常运转需要每一个齿轮的参与，只有不同岗位的工作人员成功完成本岗位的工作内容和任务后，齿轮才能运作正常，企业这台机器才能正常运转。

因岗设人的基本要求

3.3.2 岗位权责明确

“权”和“责”在企业经营管理中往往是对应出现的，小微企业经营管理者要重视岗位“权”“责”的明确，重视“权”“责”的合理性。具体应做到以下几点。

◆ 权责要分明

小微企业在设置岗位类型和数量的同时，要明确岗位权责，不同岗位，权限不同、职责不同。

不同岗位在企业中的地位和作用不同，小微企业管理者应给予不同岗位的工作人员以合适的权责，“权”和“责”要明确，“权”和“责”要配套，以增强员工的责任意识并确保其工作的顺利开展。

◆ 权责有弹性

企业的经营管理是非常复杂的，即使是小微企业的次要的工作岗位，也可能对企业产生“牵一发而动全身”的巨大影响。

小微企业经营管理者在分配岗位权责时，要给予员工一定的权责弹性，“权”和“责”都要保持一定的弹性，这样便于员工在实际工作过程中灵活应对意外情况，而不至于受权责所限，导致企业正常生产、经营活动受到影响。[①]

① 蒿森 . 团队管理：如何带出高效团队 [M]. 北京：化学工业出版社，2021：75.

◆ 权责有底线和上限

岗位权责的底线，具体是指确保员工完成具体工作所必须拥有的权限和必须承担的基本岗位责任，如果没有这些必要的权限和责任感，员工就无法正常完成工作。

岗位权责的上限，具体是指员工所在岗位对重要事件的决策权与话语权，以及员工所应承担的岗位责任的上限。因超出这些权限与责任之外的因素所导致的结果应由该岗位的上级领导管理者来授权和认责。

对于企业来说，把握好“权”和“责”的区间并非易事，但确实是一件非常重要的事情，这需要企业经营管理者结合自己的企业实际情况去一一明确，小微企业在岗位“权”和“责”的明确上，更应慎重。

3.4 团队文化建设

3.4.1 团队文化是团队发展的动力

从本质上说，团队文化是观念认同，这种观念是团队成员对团队发展目标的一种共同认识，是为了完成团队发展目标所形成的高度一致的价值观、思维、习惯、行为等，这些价值观、思维、习惯、行为等，是团队进步的重要内驱力。

小微企业团队文化建设是重要而且必要的，良好的团队文化能最大限度地增强团队成员对团队的认同感、增强团队成员的凝聚力，有助于统一员工的目标、规范员工的行为、凝聚员工的力量，进而实现“集中力量办大事”，推动企业发展。

知识链接

团队文化的构成要素

团队文化是一种集体性的潜意识文化，具体由以下几个要素构成。

人——在团队文化中，人是最重要的一个构成要素，也是团队文化形成和建设的核心力量。

团队定位——团队由哪些成员构成、由谁领导、对谁负责、成员关系如何缔结和维系等，这些都属于团队定位的范畴。

共同目标——团队的共同目标犹如团队的导航，引领整个团队向着团队成员所期许的方向发展。

计划——要实现团队共同目标，就必须要有科学的工作或行动计划，如此才能集合团队成员的力量去达成目标。

权限——规范行动、集合众力、达成目标，需要团队成员有序合作，在合作过程中，应明确不同成员的各自权限，确保整个团队的稳定以及有序发展。

3.4.2 小微企业团队文化建设

良好的团队文化是企业的生命活力和无形资产。

首先，良好的团队文化能不断激发团队成员和整个团队在市场竞争中持续向前奋进的活力，对于小微企业来说，这无疑是企业宝贵的生命活力。

其次，团队文化是团队的重要无形资产，这一资产在特殊时期和环境中可以转化成团队的核心竞争力，使企业在市场竞争中出奇制胜，并为企业的长期发展奠定良好的文化基础，是企业宝贵的精神财富。小微企业要重视这一财富的积累。

既然团队文化建设对小微企业来说非常重要和必要，那么小微企业应该从哪些方面着手进行团队文化建设呢？具体来说，应包括以下几个方面。

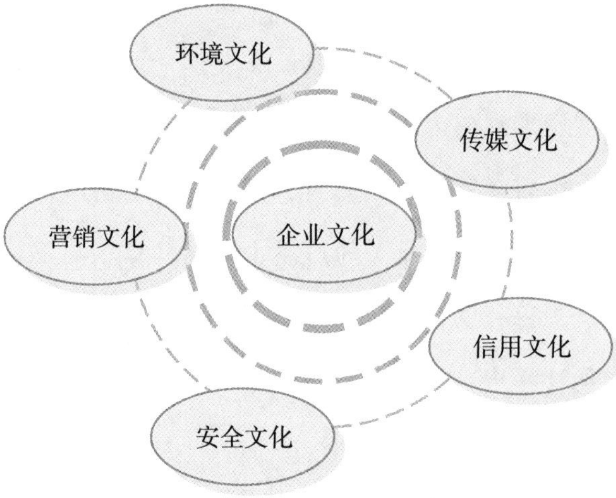

小微企业文化建设的内容

环境文化是小微企业文化建设的重要基础。

在企业文化建设中，环境文化是员工能最直观感受到的文化，它具体表现为企业外部选址环境（如商贸区、技术园区）和内部办公环境（卫生环境、工位布局、不同功能区域的设置与划分等），为员工创造良好的工作环境能有效提高员工的工作效率。

营销文化是小微企业文化建设的风向标。

任何时候，一个缺少营销理念的企业是难以在市场竞争中长久立足的，小微企业经营管理者应结合企业所在行业特征与企业经营特点建立特色鲜明的营销文化，让全体员工在充满朝气与活力的氛围中工作并不断创新。

传媒文化是小微企业文化建设的利器。

在当前自媒体高速发展的时代，每一个人、每一个企业都可以为自己发声。小微企业可以在自媒体平台上构筑一个企业文化传播的窗口，让本企业的员工和社会大众能了解小微企业的“真实声音”，而非“借他人之口听说”，这一点非常重要。

信用文化是小微企业文化建设的准绳。

对于企业来说，企业员工的道德行为、意识形态、价值观等都属于企业信用文化的范畴。无论是企业内部岗位竞争，还是企业外部资源与机会竞争，都不能脱离信用这个准绳。

安全文化是小微企业文化建设的基石。

安全是企业的基石，也是企业文化建设的基石，脱离安全谈文化建设是毫无意义的，这一点并不难理解，这里不再赘述。

3.4.3 鼓励员工参与团队文化建设

◆ 让员工成为讲企业品牌故事的人

员工是企业文化建设的核心力量，小微企业团队文化建设应将企业中的每一个员工都动员起来，鼓励员工积极参与团队文化建设，为团队文化建设建言献策。

在整个市场环境中，小微企业与中大型企业相比，话语权小、受关注度低，但是，从社会分工和社会参与的角度出发，小微企业中的员工和中大型企业中的员工并无本质上的差异，员工的故事和精神能在市场范围内引起共鸣（如多次引发热搜的外卖小哥的故事、程序员的故事），从这个角度来说，小微企业可以与中大型企业站在同一起跑线上进行团队文化建设。

因此，讲好员工的故事就是讲好企业品牌故事，让员工成为企业的代言人是非常不错的选择。

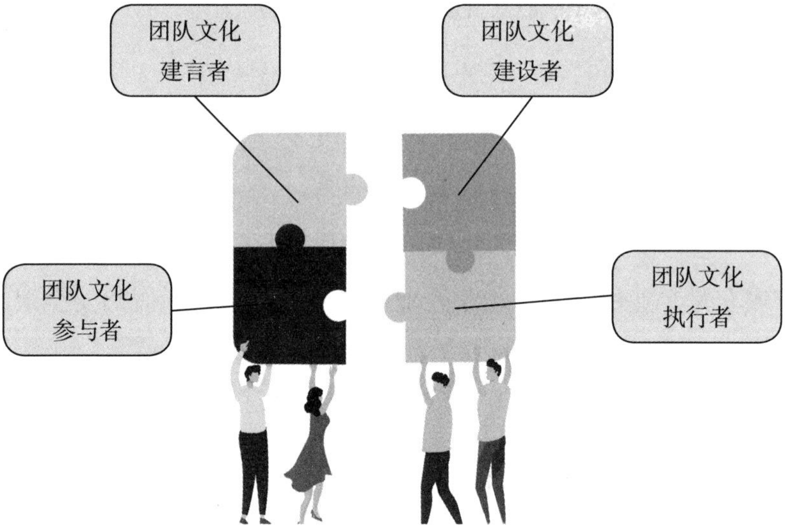

员工在团队文化建设中必不可少

◆ 让团队文化落地

要想通过团队文化建设为小微企业注入活力、增加小微企业的市场竞争力，团队文化的建设就不能仅停留在创想阶段，更不能成为空谈，而应落地执行。这需要小微企业管理层自上而下地层层引导和推动，要落实到具体的环境改善、制度完善、薪酬与福利调整、团建、培训等具体工作和团体活动上。

3.5　为团队制订一个小目标

团队目标是团队努力的方向，小微企业经营管理者要重视在企业发展的不同阶段为整个团队制订适宜的目标，为企业发展提供明确的参考方向。

现代管理学之父彼得·德鲁克曾提出“企业管理就是目标管理”的看法，充分肯定了目标在企业管理中的重要性。

美国管理学家小詹姆斯·H.唐纳利认为，在企业的不同发展阶段（觉醒、展望、重建），都应该重视管理目标的确定，企业管理战略目标能够为企业发展明确方向。

小微企业团队要想始终保持前进的动力和活力，就必须制订符合企业发展现状和未来发展趋势的团队目标，从这一意义上来讲，团队目标就是小微企业发展的指路明灯。

小微企业团队目标是多样化的，这里所说的“为团队制订一个小目标”，具体是指为团队制订一个明确的、可以达成的目标。

根据不同的分类方法，小微企业团队目标可以有多种，如长期目标、中期目标、短期目标；主要目标、次要目标；方向型目标、过程型目标、理性型目标；销售目标、生产目标、管理目标等。无论哪一种目标，都应落到实处，且不可空喊口号。

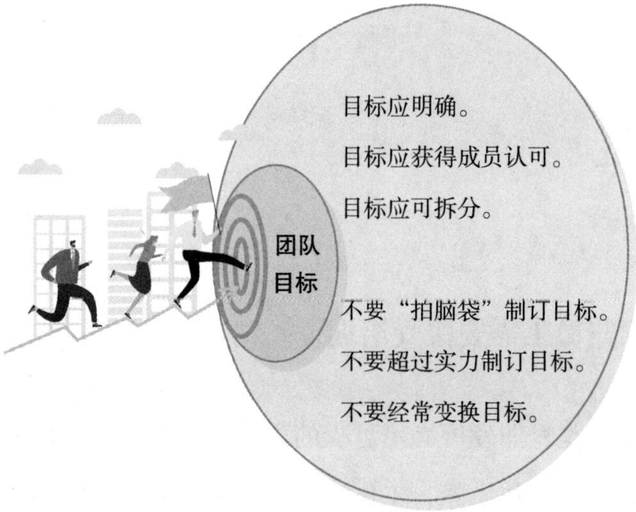

合理设定团队目标

3.6　一个都不能少，重视员工培训

3.6.1　哪些员工需要接受培训

员工培训是企业发展必不可少的内容，科学的员工培训能让员工始终保持良好的工作心态、工作效率、高水平的工作能力，对企业发展是非常有益的。

那么，在小微企业中，究竟哪些员工需要接受培训呢？一般认为，新入职员工、企业重点培养的员工需要接受培训，实际上，在企业发展的不同时期，根据企业发展需要，企业所有员工都有接受培训的必要。

众所周知，新员工入职，对一个团队的工作内容、工作流程、工作规范等内容不熟悉，因此需要接受企业的系统培训，这是很多小微企业经营管理者比较重视的，也是大部分新入职员工在工作期间必须经历的培训。

企业重点培养的管理储备人才、销售人才，也是企业培训的重点对象，对这一部分员工的培训是企业培训的重中之重。

除了新员工、后备人才，企业还应定期对全体员工进行企业文化建设方面的培训，这关乎企业的未来发展，每一个员工都应该接受培训。

3.6.2 培训什么以及如何培训

概括来讲，培训目的不同，培训内容也不同；不同的团队，员工培训的内容（侧重点）也不同。

企业员工培训内容

技能培训和素质培训是企业员工培训的基本内容，任何企业，无论规模大小，都必须重视员工这两个方面的培训，不可偏废其一。

技能培训，具体是指企业结合自身实际情况，如生产、科研、销售等，对员工进行岗位能力的培训，目的在于使员工能胜任其本职工作，并能完成企业所制订的个人和团队目标。

素质培训，具体是指企业结合员工岗位工作要求，针对员工素质进行的培训，目的在于提高员工胜任工作所必不可少的素质能力，如工作态度、工作规范、工作习惯等。通过员工培训，不仅可以提高工作的内驱力，促进员工个人的职业发展，同时，也为企业培养了一批优秀人才，使企业的市场竞争力如虎添翼。

员工培训的方法有很多种，小微企业可结合自身实际情况选择适合本企业的员工培训方法。

常见的员工培训方法

第 4 章

智慧沟通，提高团队执行力

小微企业规模小、员工人数少，团队沟通会更加频繁。正因如此，小微企业更应重视团队沟通。

在小微企业中，团队沟通的方式有很多种，团队成员之间可以通过充分的沟通来交流思想、化解矛盾，使团队成员之间的关系更加紧密，使整个团队更加团结，以此可以更好地提高小微企业团队的协作力和工作效率，壮大企业的实力。

4.1　沟通的时机与时间

根据沟通所用时间的长短，可以将其分为短时沟通和长时沟通。短时沟通所需时间少，有些当场就可以完成；长时沟通所需时间长，需要特定的时间安排，这就涉及沟通的时机与时间，下面就来详细探讨这两个方面的沟通技巧。

4.1.1　找准沟通时机

如果沟通所需时间较长，在沟通正式开始前，就要先确定沟通的具体时间，尽量保证所有需要出席的成员都有时间，并以较好的状态参与沟通。

沟通是双人或多人参与的活动，想要达到预期效果，就要考虑到每个人的状态，在参与成员都能够保持良好状态的情况下进行沟通，往往事半功倍。这就需要组织者抓住时机，找到合适的沟通时间。

组织者在确定沟通时间时不能盲目确定，而是要耐心等待、寻找时机，只有找到一个能够让所有参与者都满意的时间，让参与成员状态良好、心态理智，才能保证沟通顺利进行。

如果是多人参与的沟通，那就要考虑集体的利益。如果沟通时间已经确定，就不能轻易更改。正所谓机不可失、时不再来，团队沟通是为了解决已经发生的或即将发生的问题，沟通的时效性很重要。当问题已经发生时，就要及时组织团队沟通，解决问题。如果因为某个人不能参加而使沟通延期，影响接下来的工作，那就得不偿失了。

4.1.2 合理安排沟通时间

当沟通所需时间较长、人员较多时，要找到合适的时间，尽量不与参与沟通的成员的私人时间发生冲突。如果是两人之间的沟通，就要选择一个让双方都满意的时间，因为如果一方不能到场，沟通也就无法进行。

在沟通正式开始之前，要提前做准备。团队成员可以进行协商，大家共同确认沟通的具体时间。这样，大家也可以早做准备，调整好自己的状态，积极应对。如果是较为正式的会议，在会议开始前，相关组织者应发放会议通知，让参与人员提前做准备。

在沟通进行时，组织者要随时留意时间，不能超时太多。在沟通的过程中，团队成员提出观点、交流思想，往往会忽视时间，可能在不知不觉中就超过了预计时间，而这或许会影响接下来的工作。所以，在沟通过程中要注意时间，将其控制在合理范围之内，一旦超时太多，就要及时结束沟通，这也是为了保证整个团队的工作效率。

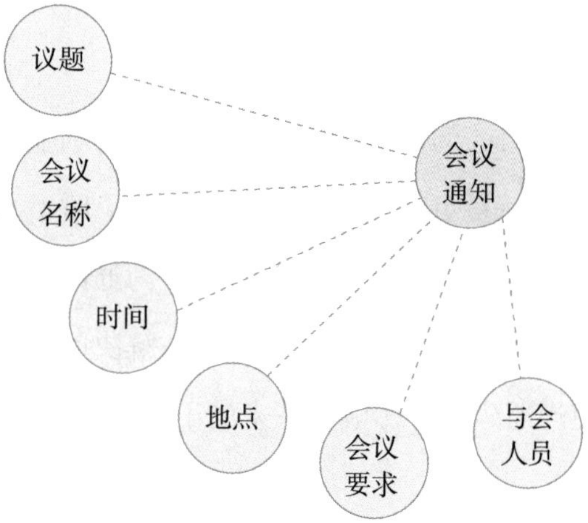

会议通知内容

为了在有限的时间内达成目标、解决问题，在沟通过程中可以细化每个成员的发言时间，使其在规定时间内完成观点陈述。这样，既可以保证在合理时间内完成沟通，也可以达到预期结果，使沟通的效益最大化。

知识链接

有效沟通的秘诀

有效沟通是指团队成员通过语言、动作等多种方式将自己的观点清晰地表达出来，并能够被大家所接受，以此促成沟通的顺利进行。那么，如何实现有效沟通呢？

● 尊重他人。参与沟通的成员无论职位高低，都是平等的，因此成员之间要互相尊重，在他人发表意见时不随意插话或打断他人的讲话。

● 学会倾听。团队沟通是成员间观点的交流，如果在沟通中忽视他人的意见，很可能错过重要信息，还会使发言的成员受挫，不利于整个团队的和谐发展。

● 给予反馈。在倾听他人讲话时，要与对方有眼神交流，让对方感觉到自己在认真倾听。在他人结束讲话后，可以就某一观点表达自己的想法，但即便自己不同意这一观点，也应该委婉表达，不能对他人进行人身攻击。

4.2 如何讲话更高效

沟通是语言的艺术，讲话讲究技巧。在团队沟通中，团队成员如果能够掌握一定的技巧，不仅能使自己在观点表达上更加准确，也能使团队沟通更加高效。

4.2.1 讲话要有重点

讲话的内容要主次分明、突出重点。如果时间充足，最好在发言之前梳理一下要讲的内容，将主要观点放在前面，这样可以让其他人更容易明白你的意图。如果你讲的内容晦涩难懂、模棱两可，就很容易被曲解，比如一些较为隐晦的例子或是一语双关的话，如果对方不能理解其背后的含义，就会造成误会，影响信息的准确传达。

在团队沟通中，能够准确、清晰地表达自己的观点是很重要的，这也是沟通顺利进行的基础，因此在讲话时一定要观点明确、言简意赅，最大化地保证信息的准确传达。

4.2.2 换位思考很重要

在沟通过程中要能够换位思考，理解他人意图。哪怕是处于同一团队，大家的立场也可能是不同的。当你站在对方的立场上时，就更能理解对方的所思所想，从而找到突破口。在沟通中，从对方的角度出发进行交流更容易获取对方的好感，也可以防止自己陷入自我的想法之中，以利于更全面地看问题。

换位思考

4.2.3 委婉表达批评

如果沟通的目的是批评对方，那就要做到在传达信息时客观明确，在语气上委婉含蓄。

在提出批评之前，首先要明确一点，你的批评意见是有根据的，不能是空穴来风或是谣言。这样，在你提出批评时对方才会心服口服，认为你的意见是正确的，是应当采纳的。

身处同一团队之中，在沟通时一定要注意言语表达的分寸，哪怕是批评，也要心平气和地指出对方的错误，不能过于激动，更不能辱骂他人。正所谓“良言一句三冬暖，恶语伤人六月寒。”委婉地表达批评是尊重他人的体现，这既不会损伤对方的自尊心，也能够彰显自己的风度，而且以这样的方式指出对方的错误更容易被接受，且不会破坏成员之间的关系。

如何沟通，效果才理想？

在团队沟通中，有些领导者总是有这样的困惑，一件事情和下属强调了很多次，但效果总是不理想，为什么会这样？究竟该如何提高与下属、与同事的沟通效率呢？

在沟通中，除了使用口头语言外，还可以根据对方的面部表情、肢体动作等来及时调整谈话内容，提升沟通成功的概率。

眼睛是心灵的窗户，眼神交流在沟通中非常重要。如果对方对于谈话内容满意，就会主动迎合你的说法，和你有眼神交流，对谈话内容表示肯定。如果对方眼神飘忽，言语间也是明显的不耐烦，用简单的语气词应付了事，就说明对方并不认可你所讲的内容，这时，你可以试着调整谈话内容，或是停止沟通。

从一些具体的动作上也可以看出对方的情绪变化。如果对方在交谈过程中频繁看表，就说明对方可能有其他事情要处理、想要结束沟通，这时再沟通下去只能是徒劳。

一个人的行为动作往往是其心理状态的体现，想要提高沟通的成功率，就要学会察言观色。

4.3 谈理想，也谈薪资

有理想、有抱负的员工进入企业工作不仅是为了谋生计，更是为了长远发展，实现个人价值。优秀的企业管理者不仅能够招揽人才，更能够留住人才，为优秀员工提供更好的发展机会。

4.3.1 激励员工

身为企业管理者应当学会在适当的时候激励员工，这样可以提升员工的工作积极性，带动其所在团队的发展。

在日常工作中，管理者要关注到团队中的每一位员工，注意其平时表现，在员工表现优异时提出口头表扬。适当的表扬会让员工意识到管理者的关注，工作时也会更有动力。

如果员工有很出色的表现，为整个团队赢得了荣誉，那么管理者就应当当众表扬员工。这样做不仅是对该名员工的工作肯定，也能够激励其他员工，发挥优秀员工的榜样带头作用。

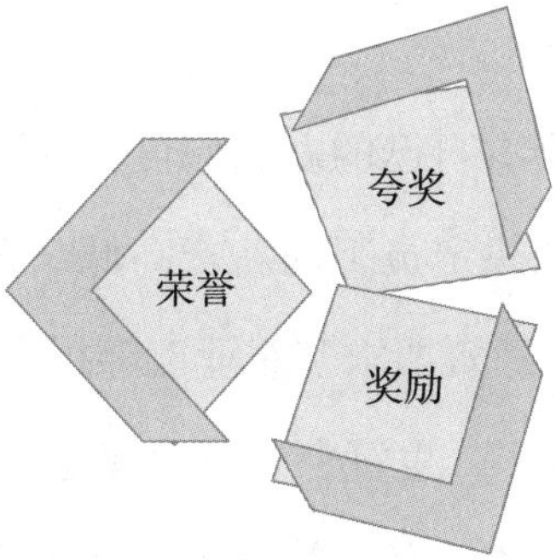

激励员工的方法

小微企业的员工人数较少，企业内部的竞争压力也就相对较小，这就容易使员工滋生懈怠心理，工作不认真，浑水摸鱼。企业管理者时不时表扬一些员工，可以让团队成员产生竞争压力，将更多的时间、精力投入工作中，从而带动整个团队的进步。

以上是可以公开进行的激励方法，若涉及个别员工的晋升或新的发展机会等，管理者则需要在正式场合和员工进行沟通。

员工的职位调动一般是根据企业的晋升制度而定的，但也会考虑员工的意愿，需要管理者和员工进行沟通。管理者要主动找该员工约定沟通的具体时间、地点，并提前准备所需材料，如该员工的绩效成绩以及职位调动后的福利待遇、发展空间等。在沟通过程中要尊重员工的意愿，如果员工有留在原岗位的需求，并且有充分的理由，管理者就应当视具体情况而定，而不是一口拒绝。

每一个员工都希望自己的努力得到领导的肯定，而管理者要做的就是看到员工的进步，并用恰当的方法激励员工。

4.3.2　和员工谈薪资

成熟的小微企业会有自己的薪资制度，并不由个人决定，即便是企业管理者也不能随意决定员工的薪资高低，企业管理者要做的就是和员工沟通，使员工的薪资要求和企业能够提供的薪资数额尽量相符，使薪资既满足员工的需求，也符合公司的规定。

为了保护员工的个人隐私，管理者在和员工沟通薪资时要找一个相对私密的场合，最好不要有第三人在场。

对待不同的员工要有不同的沟通方法。

面对企业的求职者，管理者在提出具体薪资时可以先询问求职者的意见，当求职者的期望薪资与企业能够提供的薪资相符合时，管理者可以直接将薪资数额告诉该求职者。若是求职者的期望薪资和企业能够提供的薪资相差过大，管理者可以先试着与求职者沟通，委婉地表明其期望薪资和企业可以给出的薪资差距过大，并说明原因。同时，要讲明企业的薪资制度和晋升条件，为求职者提供参考数据。如果求职者不能接受企业给出的薪资，也不要勉强。

面对企业内部的员工，管理者要提前做好沟通准备，事先了解该员工的业绩成果、平时表现，这样在谈薪资时就可以有理有据了。如果是员工主动找到管理者并提出加薪请求，管理者就要首先肯定员工为公司做出的贡献，询问员工要求加薪的具体原因，并说明自己的权限，同时，结合企业目前的发展状况，将具体薪资标准详细解释给员工。如果管理者认为员工的请求合理，可以承诺会认真考虑或帮其向相关部门反映；如果管理者认为员工尚未达到加薪的标准，应将具体原因告诉员工。

无论哪种情况，管理者都应对员工的薪资调整期望做出诚恳回应，无论管理者同意与否，都不能批评、辱骂员工，反而应该鼓励员工不能灰心，要继续努力工作，总会等到加薪的机会。这样的沟通既能体现企业制度的完善、对员工的重视，又具有人情味。

如何与员工谈减薪？

员工薪资通常不会有较大变动，但也有特殊情况出现，比如受市场变化的影响，部分小微企业经营状况较差，收益减少，因而不得不将部分员工的薪资减少，以缩减成本，支撑企业运营。

如果碰到此类情况，企业管理者要认真与员工进行沟通，阐明降薪原因，以期获得员工的理解。管理者在与员工沟通时，不能将降薪的全部原因都归结为企业经营问题，这容易使员工认为企业发展前景不好，从而离职或跳槽。

管理者也不能将员工降薪的原因全部归结为员工的自身问题，这会打击员工的工作积极性，也会让员工觉得自己在企业中难有长远的发展，甚至心生不满，质疑企业的薪资制度、用人制度，不利于企业的人才培养。

管理者在与员工沟通时既要有数据支撑，讲明降薪的合理性，也要有情感交流，获得员工的理解。管理者可以给予员工一定的补偿，可以是新的发展机遇，也可以是日后的升职加薪，总之，管理者要在和员工谈降薪的同时，想办法留住人才。

4.4 收权与授权

每一个团队都由管理者与员工构成，管理者总揽全局、协调各方，员工各司其职、互相协作，优秀的管理者能够有效调动起每一位员工的积极性，使整个团队协同发展、合作共赢。

4.4.1 适当收权

小微企业的部门构成相对简单，企业管理者的权力也不会过大，因此管理者可以将部分权力下放给员工，这样，员工也可以拥有更大的发挥空间，工作的活力、创造力也会增加。但如果管理者在授权后完全放手，既不过问也不管理，就会使局面失控。

小微企业团队经营管理者必须充分认识到，在规模有限的企业中，员工获得的权力过大就会忽视管理者的意见，自作主张地做决定。倘若企业或团队的利益因员工的决定而受损，不仅员工要受罚，管理者也难辞其咎，因为这一错误是由管理者的过度授权导致的。因此，管理者授权给员工的同时也要懂得适当收权，不能任由员工决定所有事务。

管理者要总揽全局，掌握核心决定权，掌控团队发展的大方向。比如，团队未来的发展方向、工作重心，员工工作的调整，以及关系到整个团队的事情等，这些都需要管理者参与决策。在决策过程中，团队成员可以参与讨论、给出意见，但最终做出决定的必须是管理者本人，这样就可以保证在授权之后，管理者依然发挥着核心领导作用。

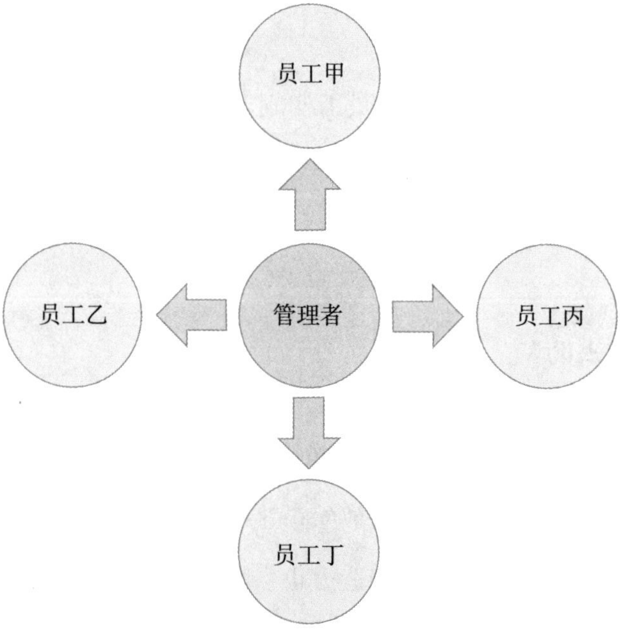

企业管理者的核心地位

企业管理者要怎么做才能避免过度授权，使员工在获得权力的同时，依然认真工作呢?

首先，要规定工作期限和标准。在授权的同时和员工讲明完成工作需要的时间，以及需要达到的标准。这样，员工在工作时才会有紧迫感，认真对待。

其次，要明确奖惩规则。在工作开始前就告诉员工，成功完成工作可以得到的奖励，在工作中出现错误可能受到的惩罚。以此给员工施加压力，使其更加重视这份工作。

最后，要适当监督。管理者要把握好询问的频率，让员工定期汇报工作进度，可以通过开会、写报告、口头汇报等多种形式了解工作进度，必要时也可以去视察工作。以此有效督促员工完成工作，提高工作效率。

管理者如果能够做到以上几点，就可以在授权员工的同时保障自身的权力，使自己处于团队的核心。

4.4.2 合理授权

孔子有一个弟子，名叫宓子贱，他在治理单父（地名）时常常弹琴取乐，过得很悠闲，却把单父治理得很好。别人问他原因，他说："我凭借众人的力量，就可以过得很安逸了。"由此可见，管理者不必事必躬亲地处理每一件事，而是要学会统筹管理，借助众人的力量完成工作。

如果企业的管理者事无巨细地负责每一件事情，只会将自己困在繁忙的工作中，缺少休息时间，而且长期处于高压工作状态是不利于身体健康的，这会影响到自身的长远发展。

聪明的管理者会将部分决策权交给员工，这样，不仅可以减轻自己的工作压力，也可以给员工更大的发挥空间。

首先，管理者要清楚每一位员工的优势，并将他们安排在合适的位置。这就需要管理者平时多与员工进行沟通，了解每一位团队成员的长处与短处，在安排工作时尽量让大家做自己所擅长的事情。由于员工清楚事情的解决方式和处理办法，在拥有了决策权之后就不会自乱阵脚，管理者也无须过度担心。

其次，团队管理要做到权责统一、分工明确。管理者授权给员工的同时也要明确每个员工的职权范围，让员工对自己所做的工作负责。如果某件事情没有处理好需要问责，可以准确地找到相关负责人，而不是让整个团队来承担后果。这样，可以减少团队成员之间的矛盾，避免部分员工因为职权划分不明而推卸责任。

最后，管理者不能过多地干涉员工的决定。既然已经授权给员工，就要信任员工，让员工独立完成工作。管理者可以询问工作进度、帮助员工解决问题，但不能每件事情都干预，这样，会让员工觉得自己是不被信任的，从而失去工作的动力。

知识链接

员工拥有决策权的好处

员工拥有了决策权，工作时的自主性就会提高，员工可以自行决定一些事务的处理方式而不必事事都问领导的意见，这样也可以节约时间，提高工作效率。

员工的主观能动性提高了，其创新能力也会随之提高。员工有了更大的自主发挥空间，就可以将更多的想法、创意付诸实践，既能够将原本的工作做得更好，也可以提升整个团队的创新能力，使团队更富有活力，这有利于团队的长远发展。

4.5 团队成员间人际关系处理

想要建立一个团结协作的优质团队，团队成员之间的人际关系处理是至关重要的。只有成员之间人际关系良好、互相信任，才可能和谐相处，为达到目标而共同奋斗。

4.5.1 诚信待人

人无信不立，诚信待人是一个人在团队中的立身之本，是人际交往的基础法则。一个人即便能力再高，但若不讲信誉，终究会被团队所抛弃。

诚信待人不是纸上空谈，需要做到以下几点才能真正地恪守诚信之道。

◆ 做事情要守时

一个人诚信与否不仅会反映在为人处世上，也会反映在日常行为中，守时就是其中极为重要的一点。

团队成员在参与团队活动时尽量不要迟到，偶尔一次或是事发突然并不会造成多大的影响，但如果一个人在集体活动，特别是开会时经常迟到，就会让他人觉得自己漠视规则，不尊重他人，而这样的人，是很难做到诚信待人的。

因此，团队成员在做事时要守时，这不仅是诚信的体现，也是团队建设的重要部分。

◆ 做错事要承担

每个人都会犯错误，但不是每个人都能做到承认并承担错误，勇于承担错误是诚信的体现。

如果某个团队成员犯了错误却不肯承认，甚至推卸责任，就会直接影响到团队内部的团结。一旦这一错误被核实，该名成员不仅会遭到领导的批评，还可能被其他人冷落、排挤。一旦一个人在团队中失去其他人的信任，就很难再立足了。

因此，犯错误之后要勇于承认，并承担该错误所造成的后果，即使这样做会让自己遭受批评、惩罚，也要承担责任，只有这样，才能坚守住诚信的底线。

4.5.2 互惠互利

职场中充斥着利益的交换，如果一个人在和同事交往中既没有获得友谊，也没有获得任何好处，这段关系于他而言就是不值得花费时间、精力去维护的。

小微企业员工数量少，团队成员之间的沟通多，想要经营好一个团队，各位团队成员就应学会寻找共同利益，维系成员之间的关系。团队成员之间若能做到互惠互利，就能使各方都得利，大家共同进步，也可以保证团队的和谐发展。

互惠互利的意思是满足对方的利益需求的同时得到对方的回馈。想要做到互惠互利就要求各位团队成员在沟通过程中考虑到成员间的共同利益，使大家都能获利。

团队成员如果能建立互惠互利的人际关系，就能够维持团队的稳定、长远发展，增强团队凝聚力。

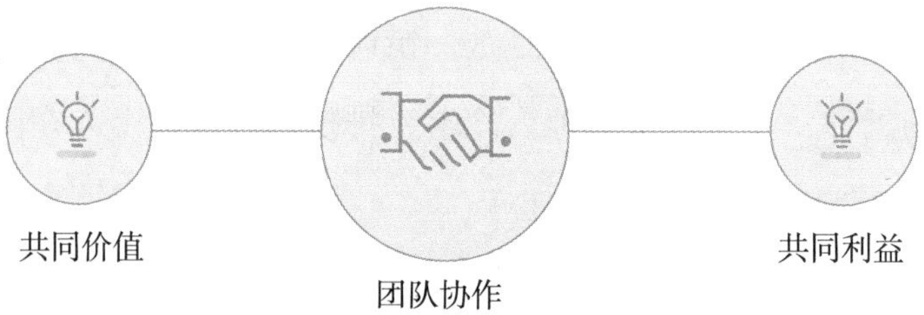

互利互惠，合作共赢

4.5.3 包容大度

能够包容他人的人大多是心胸宽广、与人为善的人，这样的人在团队中会更受欢迎，更容易与他人建立良好的人际关系。

我们常说“严以律己，宽以待人”，在团队中，对待他人要宽容，能够包容他人的错误和过失。特别是和其他团队成员产生冲突的时候，如果只是微小的矛盾，没有触及原则、底线，那么就可以选择主动退让、道歉，化解矛盾。这样可以避免将矛盾扩大，防止矛盾双方的关系恶化。

对于员工而言，要宽容待人，而对于企业而言，则要包容员工的不同思想。在企业或者团队中，员工的思想不可能是一致的，大家在沟通时总会产生思想差异，甚至是矛盾，这都是正常的。不同的思想交流更能产生创新的火花，促进团队的进步和企业的发展。

作为企业员工，在与他人进行沟通时，要能够包容多样的观点、不同的想法，即使自己并不认同，也不能立即出言否定，要允许他人有不同的想法。在团队沟通中要做到求同存异，尊重其他团队成员的想法，并试着在思想的博弈中找到让大家都认可的解决办法，以维护团队的共同利益。

4.6　异性员工沟通注意事项

男女员工都在职场上发挥着重要作用。男性通常较为理性，更擅长宏观层面的把控，不拘小节；女性往往心思敏捷，更擅长处理较为细致的工作。性别不同，思维方式不同，那么，异性员工沟通时，有哪些注意事项呢？

4.6.1　平等对待异性员工

在工作中，男员工和女员工之间存在着一些差异。在问题的处理上，男员工更注重结果，对于大多数男员工而言，结果往往比过程重要。女员工更为感性，更注重解决问题的过程。在思维方式上，男员工逻辑思维更强，女员工感性思维更强。这是男女员工的不同之处，二者各有优势，并无对错之分。

男员工与女员工都是企业发展不可或缺的一份子，地位是平等的。因此，在和异性员工交往时，要学会尊重对方，以平等的态度和对方交流，友好地和对方相处，这是和异性员工相处时最为重要的一点。

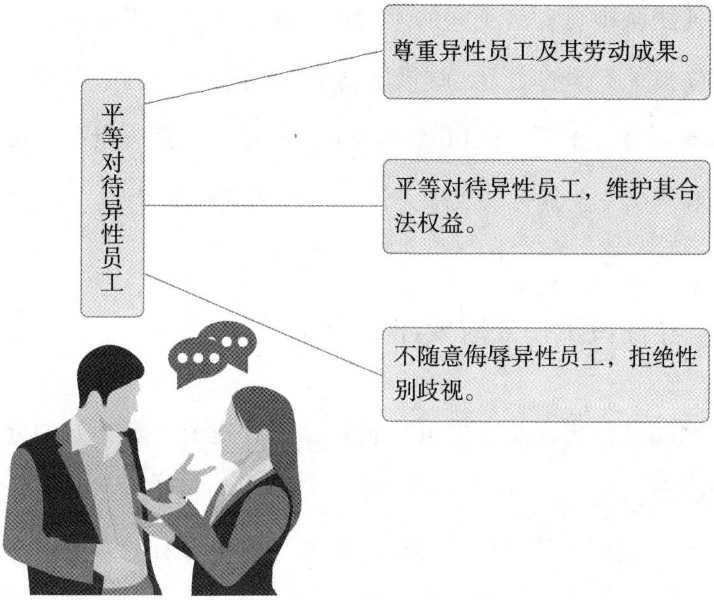

平等对待异性员工的方法

男女员工要相互尊重。在日常相处中，男女员工要和谐友善，礼貌待人。谦逊有礼的态度更能显示男员工的绅士风度，也能够彰显女员工的优雅大方。

男女员工要尊重对方的劳动成果，不能有性别歧视，对于对方出色的表现要表示肯定，让其感受到自己的善意。这样的相处方式能够在公司内形成融洽和睦的工作氛围，有助于异性同事之间的和平共处。

男女之间不能有差别待遇。男女员工在工作上应当是平等的，领导不能以性别为借口差别对待男女员工。比如，以女员工到达婚龄或需要生育为借口，将其辞退。又或者是把原本属于男员工的机会提供给女员工，让男女员工之间产生矛盾。这样做既侵犯了员工的合法权益，又使团队中男女员工间的矛盾被激化，也使员工对团队、对企业失望，失去了工作的动力，这极不利于企业的人才培养。

由此可见，想要团队以及企业有好的发展，就应当平等对待各个员工，尊重员工及其劳动成果，让员工得到应有的待遇。

4.6.2 异性员工相处时要注意分寸

一个团队的男女员工之间即使再亲密，也要注意相处的分寸，毕竟男女有别。

男女员工在相处时因恪守职场规则，保持应有的距离。男女员工若是举止过于亲密就容易让人产生误会，严重的可能会干扰到其他团队成员的工作，产生不良影响。因此，男女员工在工作时要保持社交距离、彼此尊重，以工作为重。

例如，女员工大多天性敏感，容易受情绪的影响，故而男员工在和女员工开玩笑时要注意分寸，不能过度。女员工也不能以男员工的缺点或不足开玩笑，认为男员工就应当包容女员工。这样的想法显然是错误的。

总之，异性员工在相处过程中要顾及对方的情绪，若是因为无心的玩笑影响到双方关系，实在是得不偿失。

身在职场中，男女员工之间是同事关系，无论私下关系多么亲密都不能说话做事不分场合。这样，不仅会影响到自己的工作，也可能会影响到他人的工作。男女员工相处时只要注意分寸，就可以避免这些问题，提高工作效率。

第 5 章

有效激励，强化团队自驱力

企业核心竞争力的提升离不开对人才的合理使用，而激励机制的创建与完善则能有效激发人才内在的自驱力，使其成为推动自身积极工作的动力，从而激活整个团队的执行力和战斗力。

尤其是对于小微企业来说，想要留住人才，就要建立一套符合企业自身特点的激励机制，只有采用种种管理手段，才能对员工的言行形成正面导向作用，真正点燃员工的热情。

5.1 常见团队激励机制

企业团队激励机制指的是通过科学合理、行之有效的方法和一套完整严密的管理体系，调动起员工的工作积极性，进而将员工对企业及工作的承诺最大化实现的过程。对于小微企业而言，在创建基本管控体系的基础上，需要重点搭建和完善团队激励机制。

常见的团队激励机制介绍如下。

5.1.1 目标驱动机制

在企业团队建设中，目标管理占据着核心地位。美国管理大师彼得·德鲁克旗帜鲜明地提出，企业的使命和任务必须转化为目标。而目标驱动机制的建立，也将有效激发与引导员工的动机和行为，充分调动员工的工作积极性。

小微企业经营管理者可以充分利用目标的引领、激励和导向作用，将其转化为员工努力工作的心理动力。

企业在经营发展过程中设置的目标分为很多种，有员工个人目标和团队整体目标之分，有公司战略目标和各级岗位目标之分，有基础目标和挑战目标之分，也有长期目标和短期目标之分等。需要注意的是，建立目标驱动机制时，无论是哪种类型的目标，其设置一定要合理，做到内容明确、难度恰当、具有可行性，最重要的是要将员工个人目标与团队目标完美地结合起来，使得员工在实现团队目标的过程中能够不断实现自我价值。

另外，为确保目标运行方向的准确，必须随时跟踪目标的进展过程，一旦发现问题就要及时处理。

5.1.2 利益驱动机制

华为之所以能够组建一支拥有很强凝聚力和战斗力的技术团队和营销团队，与其公司早年创建与实行的且此后不断改进和完善的利益驱动机制息息相关。华为创始人任正非曾说过，企业的经营机制，从本质上而言就是一种利益驱动机制。早在 1997 年，华为企业所面临的最大的问题之一是不知如何给逐年增加的、不同岗位的员工发放工资，以及如何调动员工的内在积极性，而随着一系列职位与薪酬管理等利益驱动机制的引进与创建，这一问题才迎刃而解。

小微企业想要破解激励难题，不妨学习华为，建立整套的利益驱动机制，其中最常用的利益驱动机制就是薪酬激励和福利激励。

◆ 薪酬激励

在各种激励策略中，薪酬激励虽然是最普遍、最基础的，却也是最重要的。大小企业无论采取哪种管理制度，其人力资源管理的核心都在于员工的薪资分配制度，它是企业对员工劳动的最直接的物质激励和对员工劳动价值的肯定，一般按照特定的计量方式以货币的形式定期发放给员工。所谓“人平不语，水平不流”，小微企业经营管理者在制定员工薪酬制度时，一定要遵循公平公正、科学合理的原则，除此之外还要注意以下事项。

其一，按劳获酬，一岗一薪，“向奋斗者、贡献者倾斜”。不同的岗位有着不同的工作要求，承担着不同的工作职责，需要制定不同的薪水标准，因人而定、因岗而定。另外，对于那些努力奋斗、做出突出贡献的员工，要给予更高的薪水。这种薪酬制度能有效激发员工的工作热情，促进员工间的良性竞争。

其二，薪酬模式需要根据现实情况及时更新，不要只停留在“底薪＋提成”等固定构成上，要想让员工持续保持工作热情，就要给予及时的奖励，比如在底薪、提成之上加上季度奖、年终奖等额外的奖励，以提升员工的内驱力。

◆ 福利激励

福利激励作为工资激励的补充，成为大小企业招纳人才和减少优秀员工流失的有力举措。薪酬制度一般是固定的，而福利制度则灵活多变，能够满足不同员工的需求。企业福利一般包括法定福利（五险一金等）、统一福利（通讯补助、交通补助、餐补等）和专项福利（节日礼金、员工生日礼物、租房补贴等）。

良好的、能满足员工特色需求的福利制度能体现企业对员工的人性化关怀，让员工对企业产生归属感，而这也正是员工热情工作的前提。

利益驱动机制的构成

激励机制和管控机制，孰优孰劣？

管控机制，指的是为了规范员工行为、提高组织运转效率而制定的一整套规章、制度等的总称。激励机制与管控机制之间到底孰优孰劣呢？

- 激励机制针对的是大多数员工，目的是要在团队内部树立起良好的工作作风，激励员工积极地投身于工作。企业需要创建丰富多样的激励机制，并让其成为全体员工的动力源泉。

- 管控机制针对的是少数员工，其主要侧重于约束员工的行为，纠正不良工作作风，以一系列规则和标准的形式出现。激励机制与管控机制各有优点，但相比前者，后者属于低价值机制。

- 对于小微企业而言，管控机制和激励机制都必不可少，前者是风险管控，能有效遏制不良风气，后者是目标、利益、文化的联合驱动，能够保障团队人才队伍的稳定。

5.1.3 文化驱动机制

文化激励是提高团队自驱力的高效手段之一，其根本目标是激发员工梦想，塑造团队精神，营造艰苦奋斗、和谐共进的工作风气。

所谓文化激励，指的不是在开会的时候带领员工喊几句口号，或在平时组织几场团建活动，而是要从心态、精神、行为准则等入手，打造企业的文化驱动机制。具体总结如下。

◆ 给予信任

管理大师史蒂夫·柯维曾说："激励的最高境界是信任，只有给予员工足够的信任，才能让员工展现出其最优秀美好的一面。”

1963年，心理学家奥格登组织安排了一项警觉实验，测试成员共分为四组，其中A组不被施加任何激励，只被告知实验要求和操作方法；B组在实验前得到鼓励，并被告知他们这一组的成员都经过精心挑选，错误率应该最少；C组成员在实验前被告知要以误差数量来评定小组名次；D组成员在实验过程中每当出现错误便受到惩罚，反应正确则获得奖励。最后，B组成员因为得到高度信任而信心大增，最终齐心协力地获得四组成员中表现最佳的殊荣。

这一实验告诉我们，采用正向的信任激励手段能给予个人挑战困难的信心与勇气。可见，信任激励所带来的力量远远超过人们的想象。小微企业经营管理者也要学会利用信任激励手段激起员工的工作热情，让他们能够以轻松的心态去迎接工作挑战。

◆ 树立榜样

华为领导人任正非曾不断地告诫身边的管理干部，一定要端正工作态度，给下属和员工树立好榜样，因为榜样的力量是无穷的。

小微企业经营管理者也可以利用榜样激励来激发团队成员的创造力，事实证明，这种激励方式往往能发挥出人们意想不到的效果，为了更好地发挥榜样的作用，管理者需要注意这些问题：其一，榜样可依据现实情况设置得低一些，使员工只要肯努力就一定能达到，如月绩效提升10%等。如果榜样高不可攀，员工也就失去了追赶的热情和兴趣。其二，在宣扬榜样员工事迹的同时，注重榜样员工的心理建设，帮助其打造良好心态。当然，管理者要给予榜样员工一定的物质奖励和精神奖励，后者包括提拔、授权等。

◆ 提供培训机会

管理学家沃伦·贝尼斯曾说："各种形式的员工培训对于企业而言是一种战略性投资，风险最小而收益最大。"从员工角度而言，企业所提供的培训机会能够帮助他们精进业务技能，建立职场核心价值，对于他们的职业发展有着莫大的好处。可见，企业提供培训机会能极大地激发员工的工作积极性，但需要注意的是，企业所组织的培训要有一定的含金量，紧跟时代变化趋势，能切实满足员工个人的发展需求。

◆ 赋予发展空间

马斯洛需求理论告诉我们，人在不同的发展阶段有着不同的需求。对于很多员工来说，单纯物质激励难以激起他们强烈的工作兴趣，他们更在意追求"自我发展""自我实现"等更高层次的满足。如果员工多年如一日地勤奋工作换来的只是薪酬的点滴增长，难免会打击到一些工作经验丰富、寻求更大发展的老员工的工作热情。

小微企业经营管理者可以为员工制订职业发展计划，或在企业内部创建科学的员工晋升机制，培养骨干力量，给予志向远大的员工更广阔的发展空间和更多发挥潜力的机会，只有如此，才能留住人才。

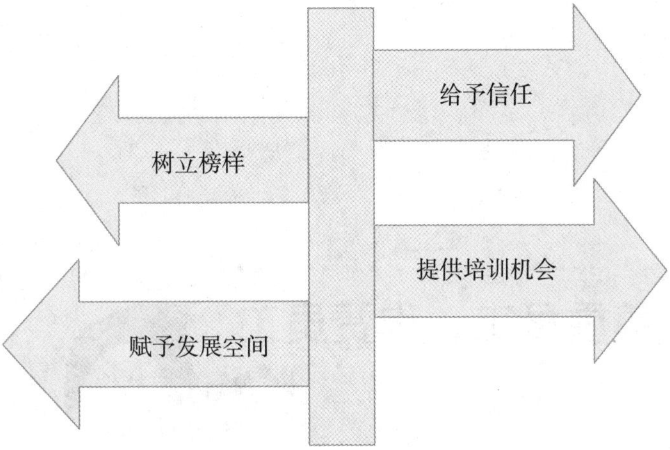

小微企业如何建立文化驱动机制

知识链接

几种常见的激励误区

● 无法兑现的承诺，不如不说。如果领导者一而再、再而三地给员工开“空头支票”，只会令员工彻底失去行动力。

● 绩效考核不要变成“轮流坐庄”。激励最忌讳轮流坐庄，这个月是你，下个月是他，一旦激励机制失去公平，变成领导者实施团队平衡的工具，也就彻底失去了效力，变得可有可无。

● 不要照搬其他企业的激励机制。每家企业的发展情况和人员构成都不一样，激励机制需要根据现实情况去制定，而非盲目照搬。

5.2　尊重员工，称赞员工

5.2.1　尊重员工，是管理的基础

在竞争激烈的现代社会，任何一家企业想要获得长足的发展，都要借助员工的知识、技能和创造力，由此可见，企业与员工是事业发展的共同体，唯有互相尊重、携手共进，才能彼此成就，共赢未来。

尊重员工，是团队管理的基础，是企业不断成长的前提。而那些不尊重员工的企业，是不可能走得长远的。

日本知名企业家松下幸之助总是鼓励员工要针对企业的管理、发展积极提出自己的想法，而面对员工所提出的意见或建议他也会虚心接受，并与员工一起详细讨论这份意见或建议的可行性。有一次，松下幸之助对身边的一位管理人员坦言，哪怕员工提出的想法他并不赞同，也不会一口回绝，反而会鼓励员工进行更深入的思考与探索。重视员工的感受，给予员工最大尊重——这种人性化的管理风格使得松下幸之助所带领的经营团队始终保持着强大的凝聚力和战斗力。

对员工的尊重，不是放在嘴上说说而已。企业领导者要尊重员工的情感和行为习惯，明白人人都是平等的，而高层领导、中层管理与底层员工最大的区别只在于职位、工作内容和权责范围的不同，要将对下属、员工的尊重贯穿于每日的管理中。具体要注意以下事项：

第一，尊重员工，要从细节处入手。比如在和员工交流时，要使用礼貌用语，而非呼来喝去；在日常工作中，要耐心倾听员工提出的建议，让其感受到你对他的尊重与重视，哪怕员工所提建议并不实用，也要感谢他的热情参与；记住下属的生日，及时送上小礼物或祝福，或者在特殊节日的时候送上关怀与问候，这一类感情投资无须花费过多时间、精力或金钱，却收效显著，显得作为领导的你很有人情味儿，很值得信赖。

第二，尊重员工，要落到实处，比如尊重与保障员工的权益。首先，要依据《中华人民共和国劳动合同法》，尊重员工的劳动权益。其次，要尊重员工的发展权益，开展各种职业技能培训，以满足不同员工自我价值实现的需要。另外，保护女性员工的特殊权益，比如在孕期享受特殊劳动保护等。尤其是对于小微企业而言，所谓“留人先留心”，只有展开人性化管理，才能将团队做大，令企业发展步入正轨。

5.2.2 适时称赞，有力推动团队前进

小微企业经营管理者千万不要吝惜你的赞美，尤其是在员工排除万难取得亮眼成绩的时候，更要恰到好处地送上赞美，不失时机地给予肯定。和善的微笑、赞美的话语、鼓励的身体语言会让一个团队充满正能量，也会让彼此之间的关系变得越发紧密和谐。

IBM 公司的领导者深谙赞美的力量，该公司多年来定期为上一年度获取优秀业绩的员工举办公开褒奖庆祝活动，这场活动将延续数天，其间所有高级领导都会参加，并逐一上台为优秀员工送上赞美与鼓励，场面十分激动人心。而这种公开的褒奖会令所有员工都精神振奋，也成为他们日后努力工作的动力源泉之一。

没有人不喜欢听发自真心的赞美的话语。

小微企业经营管理者要善用称赞，充分激发员工的工作热情，以此提高员工的凝聚力，并强化团队的执行力和竞争力。

赞美除了要真诚、看准时机外，还需要注意以下几点。

第一，越是成就型员工，越是渴望赞美。所谓成就型员工，指的是那些性格活泼外向、善于沟通与交际、重视工作、追求成功的员工。成就型员工往往会成为团队的中流砥柱，领导者在表扬这一类型的员工时，公开表扬比私下表扬产生的效果更明显。但是，需要注意的是，表扬要有理有据，最好列举事例或数据来进行说明，这样，你的表扬会变得更有说服力，也会让其他员工心服口服。

第二，赞美某位员工时，不要将其他员工作为反面典型。某创业公司的领导有一次在赞美市场部的一位员工时，这样说道：“小王一

个人的业绩顶你们整个团队的，真不知道是小王太能干还是你们太没用！尤其是小李，平时手机没见你少玩，下班第一个开溜，业绩惨不忍睹……”殊不知，该领导的一番话已经成功让小王成为团队的众矢之的，尤其是小李，自尊心被严重伤害的他，从此和小王之间的关系变得越发微妙、紧张。可见，表扬某位员工时对其他员工展开激烈批评，很容易瓦解团队的凝聚力，影响团队和谐。

第三，赞美员工时，要依据客观事实，而不是凭个人眼缘，更不能以过往印象作为评判标准，否则，很可能会引发公平公正问题。

5.3 竞争和压力，有时会成为动力

5.3.1 团队需要合作，也需要良性竞争

王骁最近应聘到一家小型企业担任经理，为了更好地展开工作，上任之前他做了一番调查，发现企业存在三种类型的员工，第一种为学历优越、工作经验丰富的骨干型员工，第二种为兢兢业业、认真负责的勤奋型员工，第三种为缺乏活力、得过且过的平庸型员工。

遗憾的是，前两类员工只占员工总数的 40%，剩下的 60% 的员工终日无所事事，做一天和尚撞一天钟，这也使得企业的工作风气一直不理想。为了增强公司活力，王骁上任后在企业内部引入、创建了包括末尾淘汰制等在内的一系列竞争机制，引导员工互相进行良性竞争。事实证明，这些措施很快便取得了成效。

企业团队成员之间不仅需要精诚合作，而且，彼此之间展开良性竞争，也能激发起员工的工作潜能和热情。很多人将人性化管理错误地等同于毫无规章制度、过于轻松随意的管理方式，殊不知这种工作环境只会培养员工的惰性，侵蚀企业的活力。而一些真正有能力、有抱负的员工要么被埋没了才华，要么寻找其他平台去施展才能。

正因如此，小微企业经营管理者要想方设法地激发员工的竞争意识，营造积极奋进、充满战斗力的团队气氛，只有这样，才能使整个团队运转得越发高速、顺畅。那么，如何在公司内部创建良性竞争机制呢？具体需要注意哪些方面的问题呢？相关建议总结如下。

第一，利用“鲇鱼效应”来增强团队活力。

相传，挪威的渔民在捕捞沙丁鱼的时候，为了能将打捞到的沙丁鱼活着带回渔港，总会在沙丁鱼之间放上几尾以鱼类为主要食物的鲇鱼。沙丁鱼为了避开鲇鱼，会不停地扭动身体，加快游泳速度。如此一来，等渔民回到渔港时，会发现带回来的沙丁鱼大多是鲜活的，这便是著名的“鲇鱼效应”。

“鲇鱼效应”给予我们的启示是，适当地引入竞争，能有效调动员工的工作热情，激发起工作斗志。另外，通过打破旧平衡来创造新秩序，能使团队的精神面貌焕然一新。具体做法是招揽积极进取的优秀人才加入团队或扶持团队中态度认真、具有潜力的员工。

第二，建立分组 PK 机制。

可将团队成员细分成几个小组，进行业绩 PK，定期公布业绩排行榜单（最好按月或季度进行），对业绩排名靠前的小组给予奖励。需要注意的是，分组 PK 并不是为了争第一，而是对上一阶段的工作进行评价与总结，以指导下一阶段的工作。同时，业绩成绩的好坏，也能暴露出真实的问题。

第三，建立新陈代谢机制。

管理者如果忽视了对员工的管理与激励，员工慢慢就会变成“温水里的青蛙”，看不清潜在的危机。而一些老员工躺在功劳簿上得过且过，也会令团队彻底失去活力。这种情况下，不妨在企业内部创建新陈代谢机制，根据特定指标来考核员工工作的完成度，在这套机制下，哪怕是过往的核心员工，只要没完成考核目标，都得退位让贤。在这种你追我赶的氛围中，员工的活力才能被有效激发。

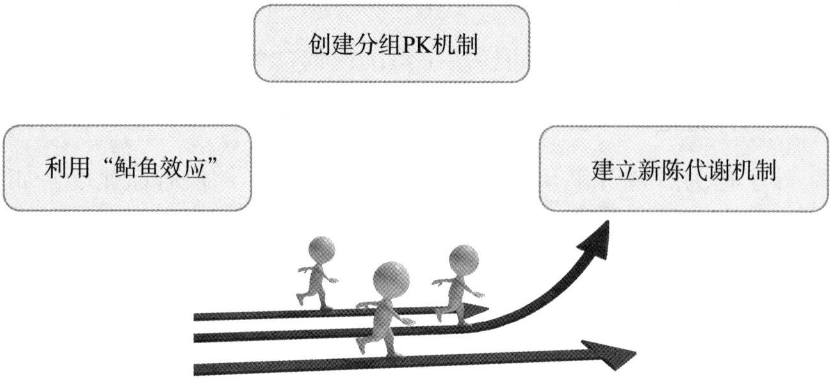

良性竞争让新老员工保持活力

5.3.2 压力管理，团队发展的内动力

心理学家耶基斯和多德森通过深入探究得出一个结论，即人的工作效率与动机息息相关，一旦动机不足或者过于强烈，都会使工作效率显著下降。现代管理学认为，压力作为一种刺激力，会对人的工作

动机造成影响，从而进一步影响人们的工作效率。

对于很多员工来说，压力有时候会转化成他们投入工作的动力。很多杰出的企业管理者也认为，轻松的环境无法培养出杰出的人才，适当给员工施加压力，逼着他们努力进取，反而能造就栋梁之材。小微企业经营管理者不妨在团队内部实行压力管理，很多时候能够取得意想不到的效果。进行压力管理的时候，可采取以下方法。

第一，定岗定职责。

所谓定岗，指的是团队结构一目了然，各岗位人员及工作程序、任务总量都很清晰明了。定责指的是企业内部大小岗位的职能与职责范围划分清楚，既包括各岗位员工所负责达成的任务目标，也包括绩效考核标准。越是清晰的职责划分，越能给员工带来压力，毕竟每名员工都能清楚地衡量自己在某个环节中需要担负怎样的责任，完成目标后能得到什么，三心二意的后果又是什么。

第二，合理设定“最后期限”。

要给员工施加一定的压力，管理者在给员工布置任务的时候要向员工提出时限，告知员工如果不在截止时间前完成任务将受到怎样的处罚。这会给员工带来紧迫感，并有效提高其工作效率。

第三，培养员工的危机意识。

微软创始人比尔·盖茨曾告诉员工：“我们离破产永远只有18个月。”这便是在培养员工的危机意识，时刻让员工处于一种忧患思虑之中，反而能激发起员工的竞争意识，而这也将成为团队发展的内动力。

需要注意的是，管理者施加的压力不能过大，避免带给员工过多的心理包袱和思想负担。

5.4 以身作则，而不是只指挥员工拼搏

5.4.1 与其发号施令，不如身体力行

俗话说得好：“火车跑得快，全凭车头带。”身为企业的领导者，如果没有身先士卒、一马当先的闯劲、当机立断的执行力及创新精神，就无法带领企业走上长足发展的道路。

美国著名的女企业家玛丽·凯曾说，一个称职的管理者必须以身作则。她要求公司内部所有的美容顾问都要熟悉自己所负责的生产线，对所售商品的一切都要了若指掌。为了给下属做出榜样，她率先将自己变成了商品专家，无论顾客问她什么问题，她都能侃侃而谈，为顾客做出满意解答，而玛丽·凯的这股劲头也彻底点燃了员工的工作热情。

示范的力量超出常人的想象，就像海尔创始人张瑞敏所言：“如果经理坐着，员工就会躺着。”领导者若只会发号施令，却无法表现出其强有力的领导力，就无法使员工信服，更无法顺利地开展工作。而如果领导者努力使自己成为员工的榜样，在问题发生的时候挺身而出，身先士卒、独当一面，员工就会紧随其后，尽量去发光发热。

5.4.2 向员工传递你的工作热情

管理者的以身作则首先要体现在工作状态上，唯有时刻充满热情，才能激发起员工的工作热情。在心理学上有一种模仿效应，即人们总是不自觉地去模仿身边的人的行为方式，尤其在行为和心理上很容易受到身份地位高于自己的人的影响。企业领导者可以利用这种模仿效应，一方面积极地向员工传达自己的工作热情，一方面鼓励员工向自己看齐，以更饱满的态度投入工作。

通用电气公司前总裁杰克·韦尔奇每每出现在员工面前的时候，总是精神昂扬、斗志满满，在他任职期间，公司曾经受无数困难和挑战，可每一次，他都会信心满满、沉着冷静地去应对，直至圆满解决问题。而他无所畏惧、充满自信的表现也一次次征服了全体员工，使得大家的凝聚力大增。当有人向杰克·韦尔奇请教成功经验时，杰克·韦尔奇坦诚地说道：“我很有激情，通过我的激情来感染我的团队，让我的团队也有激情，这才是我真正的激情所在。”

小微企业经营管理者要向杰克·韦尔奇一样，通过言语和切实的行动将自身的热情传递给员工，以此激发团队的活力。

5.4.3 做团队的引路人

管理者的以身作则还体现在具体的行动上，不能做高高在上的旁观者，而要做踏踏实实的团队引路人。

◆ 精进本职工作

身为领导者，首先要在本职工作上做到认真负责、无可挑剔，这样下属才会心服口服。尤其是在面对“刺儿头”员工时，你强大的工作能力是“制服”他的有力武器。而当问题发生、危机来临的时候，你的专业技能和丰富的职能经验也能帮助你带领团队游刃有余地应对难题，从而树立威信。如果领导者自身是个腹中空空的“草包”，如何去督促员工进步呢？

◆ 学会时间管理

领导者最怕遇到这种员工——每天忙得焦头烂额，效率却很低，原因一般在于其不懂得时间管理。想要让员工合理安排时间，领导者要先让自己成为时间管理高手，起到示范作用。时间管理的方法有很多，比如分清主次矛盾，抓住关键矛盾；分解目标和任务，由易到难，针对性解决等。

◆ 终身学习

领导者总是愿意看到员工不断地进步，那么首先要让自己确立终身学习的理念，持续提高自身素质，确保自己决策科学、管理到位。唯有自己不断进步，成为终身学习的模范，员工才不会轻易停下追赶你的脚步。

5.5 奖惩严明，科学问责

5.5.1 奖惩制度：提高团队执行力的有力武器

企业建立奖惩制度，是为了通过正向激励机制和负面惩罚机制的共同作用，充分激发起员工的工作积极性，在团队内部形成良性竞争氛围。通过奖罚分明，能有力提高团队执行力。

想要做到奖罚分明，先来明确这些问题：谁应该被奖励？谁应该被惩罚？如何去奖？如何去罚？

◆ 奖励谁，惩罚谁

古代将领为了鼓励士兵英勇作战，总会将“论功行赏”挂在嘴边，而在现代管理者所实行的奖惩制度中，“论功行赏”也是一个重要的原则，即按照结果进行奖罚，奖励那些取得亮眼绩效、成功完成岗位目标的员工，惩罚那些绩效低下、态度敷衍或出现明显失误的员工。而最重要的是要事先明确奖惩制度的相关设计原则，总结如下。

第一，事先制定标准。俗话说："丑话说在前头。"为了方便之后的"奖优罚劣"，事先就要明确团队中每名员工的岗位要求和目标，梳理其业务流程，树立一定的行为规范。而这些在新人培训期就要予以明确公示，做到让每位员工都心中有数。

第二，奖罚条例清晰明确、公开公正。管理者在制定或向员工解释具体的管理条例时，一定要使用清晰明确的表达，不要含混不清，避免后期争议。另外，这些奖惩措施除了要符合公司实际发展情况，还要做到公开公正。

◆ 如何去奖，如何去罚

虽然对员工的奖励与惩罚最终一定会落实到物质层面上，但也并不能简单粗暴地认为奖惩制度就是给表现优秀的员工加工资，给表现欠佳的员工减工资。实际上，奖惩制度是一门管理艺术，需要根据不同企业的不同情况去具体地制订。但总体而言，企业的奖励大多表现为两种形式，即物质奖励和精神奖励，前者包括升职加薪、额外的奖金和福利，后者包括公开表扬、冠以业绩骨干名衔等。

企业对于员工的惩罚也体现在物质和精神两个层面上，需要注意的是，面对急难任务，在员工尽心尽力的情况下，无论其表现如何，都要尽可能地去奖励、鼓励员工，而少进行惩罚甚至放弃惩罚，这既突出了企业的人性化管理，也体现了其健全的纠错容错机制。

最重要的是，企业要建立科学合理的绩效评估机制，并随着企业的发展不断加以改进，这样才能彻底解决奖励谁、惩罚谁，如何去奖、如何去罚等一系列问题。

5.5.2 问责不能与指责混为一谈

领导者在带领团队前进的过程中，首先要确保自己的团队是一个负责任的团队，而问责制的产生，便是为了确保责任感和创造力会贯穿每名员工工作的始终。然而，一些管理者却将问责与指责混为一谈，他们在员工犯错的时候不留情面地呵斥、痛骂，非但没有解决原有的问题，反而使员工彻底丧失了工作的积极性，使得问题越积越多。

问责需掌握相关技巧和方法，遵循特定的原则，而不要去违背它的初衷——找出预期目标与实际结果间的差距，及时纠正错误、弥补损失，且下不为例。千万不要用发怒的方式去问责，而要有理有据地提出问题，抽丝剥茧地分析后果，列举事实、讲清道理。

著名管理学者乔纳森·莱蒙德认为领导者在对犯错员工进行问责谈话时最好遵循这五个步骤：提示、邀请、谈话、界限、极限。①

当员工犯错时，管理者首先要给予提示——“你发给我的PPT好像有几处错误，你察觉到了吗？”

如果员工所犯的错误是更为严重的问题，则需要向其提出谈话邀请——“有客户打来投诉电话，我们是否需要就此聊一下？”

展开谈话时，管理者要推心置腹——“你状态似乎有点不对劲，

① 乔纳森·莱蒙德著，何正云译．高效管理[M]．北京：北京联合出版公司，2018：96.

发生什么了吗？有什么需要我为你做的吗？”

而在进行到谈话的这一阶段时，管理者下一步是为自己的情绪或者言行设置界限，否则，很有可能令谈话彻底崩盘，即走到极限。

这一套方法被乔纳森总结为“问责刻度盘”，主要是为了告诉管理者，科学问责展现在问责的尺度上，而问责谈话每一步都要有技巧。

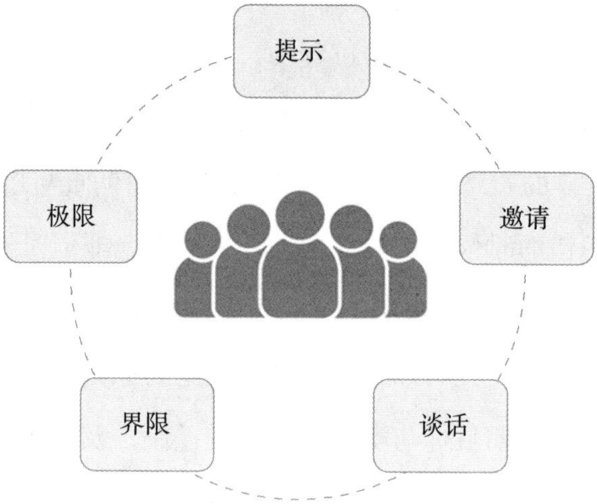

乔纳森的问责刻度盘

管理者一旦无法遏制住内心的怒气，将问责变成一场声嘶力竭的批判会时，原本深感羞愧的员工要么陷入过度自责的心理，深深怀疑起自己的能力，从此再不敢接受稍有挑战性的工作；要么产生严重的逆反心理，对手头的工作越发抱着无所谓、不负责任的态度，甚至直接辞职走人，而这两种结果明显都与管理者的初衷背道而驰。

综上所述，科学问责远胜于胡乱指责，它能激发起员工的担当感和责任心，给予员工更多的成长空间，而员工的成长能进一步促进小微企业的成长。

第 6 章 小微企业销售型团队管理

小微企业销售型团队是非常普遍的一种团队构成形式，针对这一类型的团队，企业经营管理者要始终围绕“销售行为”“销售目标”来进行管理。同时，要注重营造良好的团队氛围，制定合理的 KPI、科学规范的客户管理模型，这些都是小微企业销售团队在市场上脱颖而出、异军突起的利器。

关注团队管理、增强团队市场竞争力，是小微企业销售型团队管理必不可少的重要内容。

6.1 以老带新

在企业人才培养中，以老带新可以说是非常“实惠”的一种人才培养方式，对于小微企业来说更是如此，以老带新是小微企业的一种低成本但非常有效的人才培养与管理方式。

6.1.1 新员工快速成长的“助推器”

新员工入职后，在适应规范工作流程、工作节奏方面，可能需要经历很长的一段时间，这对于小微企业来说是不可忽视的时间成本，采取以老员工带新员工的培训方式则可以有效缩减这一成本。

通过以老带新，新员工能在工作上得到老员工的指导和示范，这样可以有效缩短新员工对工作的适应时间，为新员工在岗位上尽快适应工作提供一个“助推器”，使其能尽快得心应手地面对和处理各种工作问题。

6.1.2　减少试错，杜绝企业发展隐患

新员工缺少工作经验，在工作中可能会因为不熟悉工作流程、认识不足而使团队错失优质客户，或者为整个团队带来不必要的损失，但是，通过以老带新，可以最大限度减少新员工的试错成本。

某企业因近期订单数量增多，新招聘了一名理货员小宇。仓库主管考虑到小宇之前有相关经验，而且仓库近来人手稀缺，每个人的工作量都增加了不少，并没有特别安排老员工带领小宇熟悉工作内容，明确流程和相关要求，而是将企业员工手册和仓库理货流程单交给小宇自学学习后就安排其上岗工作了。

小宇在一次理货的过程中，因对企业的产品型号和包装批次不熟悉，给客户发错了产品，事后在给另一位客户发货时才发现了问题，更糟糕的是，先收到产品的客户已经使用了产品并产生了严重的过敏现象。尽管企业赔付了客户产品费用、医疗费用，并进行了精神赔偿，但是，企业在过去一年刚刚建立起来的良好企业形象一夜间崩塌，因此流失了很多优质客户。

在实际经营管理中，很多小微企业会为了追求利润、抢占市场，而忽视用人管理。一些企业经营管理者热衷于招聘有工作经验的员工，希望这些新员工能快速上岗，同时，已经在岗的老员工的工作也不会受到影响，更不必专门额外支付工资或发放补助给培训人员对新员工

进行培训，从表面上看，企业节省了培训成本，实际上，这样做可能给企业发展埋下了隐患。

小微企业要想减少员工试错成本，同时又不希望过多增加企业培训成本，以老带新是一个非常明智的选择。

6.1.3 凝聚团队，提升企业团队意识

“传、帮、带”是小微企业以老带新的重要方式，通过以老带新，能帮助小微企业的新员工快速融入团队，同时，也为整个团队注入新活力，实现新老员工之间的相互学习与进步，进而提高整个企业团队的凝聚力。

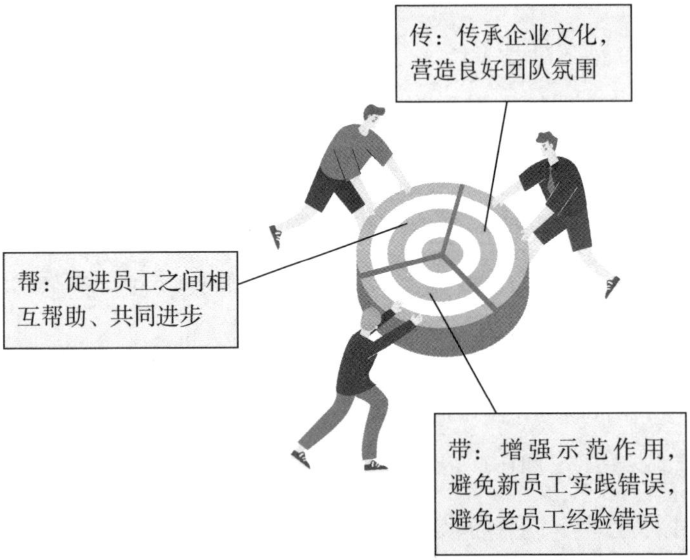

小微企业“传、帮、带”的优点

小微企业经营管理者应该充分认识到，以老带新，不仅能够帮助新员工提升能力，在工作中成长蜕变，也能帮助老员工规避错误，取得更大的进步。

毫无疑问，老员工有着丰富的工作经验，他们在工作中驾轻就熟，与新员工面对工作的手足无措、考虑不周相比，有着更成熟的工作流程与习惯。但是，也正是因为这种经验的成熟会导致老员工产生思维定势、犯一些“想当然”的错误，以老带新能让老员工在为新员工的讲解、示范中查漏补缺，不断完善与提高自身能力。

6.1.4　培养团队销售人才生力军

小微企业要想做强、做大，需要不断吸收优秀的人才、不断提高团队全体成员的工作能力和工作效率。

对于销售型团队来说，团队中有一两个“金牌销售”能使团队保持良好的上单率，并确保优质客户的不断加入。但是，小微企业经营管理者如果想使企业发展、壮大，仅有一两个“金牌销售”是远远不够的，“金牌销售”的能力再强，精力和时间终究有限，不足以支撑小微企业不断扩充客户的发展需求。

要满足小微企业销售型团队不断扩充客户、增加订单量的发展需求，小微企业销售型团队就必须不断吸引新的“金牌销售”加入，而对于小微企业而言，高薪从其他企业“挖人”是不现实的，不仅成本高，优秀人才也不一定会选择加入“不知名”的小企业。在这样的情况下，通过“金牌销售”去培养新的“金牌销售”——以老带新就是一个非常有效的建设优质销售型团队的方法。

通过以老带新能够使这些新员工尽快成为未来的销售人才，当这些销售人才成长为新的“金牌销售”时，小微企业销售型团队就会拥有一支优秀的人才生力军，这是小微企业在市场竞争中最为可贵的人才竞争力。

6.2 开例会，是必要的

6.2.1 开例会的益处

所谓例会，是企业为实现工作部署和沟通而召开的会议。例会的合理举办，对企业来说益处颇多。

首先，召开例会能实现企业信息的互通、共享，有助于企业决策的上传下达，有助于管理者了解员工日常工作中出现的一些问题，并据此完善企业制度、优化企业管理。

其次，例会的定期召开，有助于小微企业及时发现问题、沟通问题、解决问题，避免一些问题的长期积累和得不到解决而给企业发展带来“致命危机”。

再次，例会能促进企业中不同团队或同一个团队中各成员的沟通，加强员工交流，使员工能始终明确知晓企业的各项任务和目标，并向着企业目标不断努力。

最后，小微企业销售型团队的例会，能起到激发团队成员活力、营造团队氛围积极向上的作用。

除了上述几个益处，例会还有其他一些益处，只是针对不同类型的团队，例会的作用不同。总之，对于小微企业销售型团队来说，例会的定期或不定期开展是必要的，合理组织例会可以促进销售型团队的成长。

开例会的益处

6.2.2 常见例会类型

根据不同的分类方式，可以将例会分为不同的类型，目前，企业例会类型众多、丰富多彩，未来，随着企业发展的需要和人们的不断创新，还将有新的例会形式出现。

不同类型的例会具有不同的特点，小微企业销售型团队可结合自己的实际需要选择合适的例会形式。

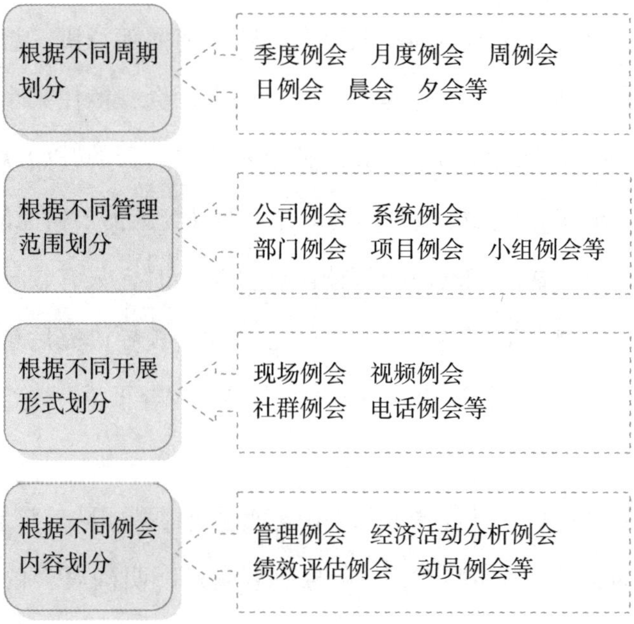

企业例会形式

6.2.3　销售型团队如何开例会

◆ 这些例会更适合销售型团队

小微企业不同团队各有特点，在例会选择上也应有针对性，具体来说，小微企业销售型团队选择例会时，主要有以下几种。

第一种：晨会。

晨会是销售型团队非常常见的一种例会形式，很多销售型团队的晨会每天都开，但例会流于形式，效果并不理想，究其原因，问题主要集中表现在以下两个方面：

首先，晨会目标不明确。领导站在队伍前面随意讲，想到哪里讲到哪里，漫无目的，甚至有时候例会变成批评会，揪住某个员工昨天的错误一通批评，这样的做法会让整个团队在一天的开始就被笼罩在坏情绪中，导致士气低沉，而且员工并不明确今天需要努力的方向。

其次，晨会缺乏互动。很多团队在开晨会时，只有领导发言，领导缺乏与员工的互动，员工之间也缺乏互动，领导讲完后带领团队喊几句“我最强”“我最棒”的口号，整个晨会内容干瘪，丝毫起不到鼓舞士气的作用。

正所谓“一日之计在于晨”，小微企业销售型团队应该重视晨会，在开晨会时，要事先确定好晨会的基本流程、明确晨会的主题、重视晨会中的相互交流与沟通，通过晨会让员工明确当日必须做哪些工作，并合理激励员工，使员工能以积极饱满的状态投入一天的工作中。

第二种：夕会。

夕会与晨会相对应，也是销售型团队常见的一种非常重要的例会形式，夕会的目的在于“一日工作总结”，帮助员工解决当日遇到的一些工作问题，并促进员工之间工作经验的交流和沟通。

第三种：周例会与月例会。

“周”和“月”是非常重要的工作节点，在一周的始末、在一月的始末开例会，能够帮助员工调整工作状态、总结工作经验、明确工作目标，也有助于管理者汇总知晓员工的绩效情况，根据员工的绩效表现进行考评，鼓励团队员工之间的良性竞争，从而使得整个销售团队的工作效率和绩效成绩都得到提高。

◆ 开例会的具体时间选择

一些周期性的例会，如晨会、夕会、周例会、月例会等，具体的召开时间应该选在哪一个时间点和时间段比较合适呢？这是例会组织者应该认真考虑的问题，关于召开例会的具体时间选择，这里有以下几个建议。

首先，晨会、一周开始的例会尽量选择在上班后的10分钟或20分钟后，如9点上班，可以选择在9点10分或9点20分开例会，让刚吃完早餐或刚到公司的员工留有喘息、整理工位和工作文件的时间，避免在一片匆忙和慌乱中开例会。

其次，日例会或月例会应该尽量避免用餐和即将用餐的时间，即将午休或下班的时间也不宜召开例会，工作了一上午或一整天，员工的体力和精力都消耗殆尽，让员工在这个状态下开例会，无法取得理想的效果。

◆ 这样开例会更高效

例会开不好，不仅会浪费员工和团队的工作时间、消耗团队员工的精力，还有可能引起团队员工的反感。那么，怎样安排例会才能更高效呢？以下几点需要注意。

首先，明确例会的目标和重点。小微企业销售型团队管理者在召开例会前需要做好充分的准备工作，不能“随心所欲”地召开例会。召开例会前，一定要明确例会的目标、重点，并要围绕例会目标确定例会的形式、开例会的时间。开例会时，内容要分清主次，集中时间和精力讨论并解决主要问题，同时，兼顾沟通和经验分享。

其次，开例会前，督促相关负责人提前准备好相关资料和设备，如销售数据、投影仪等，避免在开例会期间因为材料不足、设备出现问题而导致会议中断或无法开展。

再次，避免次数过多、内容反复的例会。有很多小微企业经营管理者热衷于开会，大会小会不断，这样做不仅经营管理者自身会很累，也会让员工感到厌烦，过多的例会会占用员工大量的工作时间，会严重影响员工的工作节奏和工作效率。

最后，重视例会总结。当例会时间较长、内容较多，或者例会比较重要时，在例会即将结束时，要再次强调例会的要点内容，明确团队中不同员工应该负责的主要任务和职责，使员工在例会结束后能有条不紊、目的明确地开展接下来的工作。

除了以上几点，开例会还应注意例会是否有必要，是否在规定的时间内结束，是否解决了主要议题，是否达到了会议预期，会议方式与效果如何等问题。

开例会看似简单，但需要小微企业经营管理者统筹兼顾。作为小微企业销售型团队领导者，要清楚哪些例会是必要的，开例会应该重点关注哪些问题，有针对性地去开例会，而不要单纯为了开例会而开例会。

明确例会的目标和重点
做好例会准备
避免冗余例会
避免例会“拖堂”
重视例会总结
例会方式是否合适
例会重要议题解决效果

高效开例会的注意事项

6.3　销售提成如何定

“销售提成如何定”，这是销售型团队不得不面对的问题，对于富有经验的企业经营管理者来说，其有一套或几套完整的制定销售提成的方案，几乎不用担忧这方面的问题。但是很多小微企业销售型团队的管理者却往往会在“销售提成如何定”的问题上犯难。

小微企业销售型团队通常面临着迫切壮大销售队伍、吸引更多客户、提高订单数量的问题，同时，小微企业销售型团队管理者需要在团队成员收入和企业收益之间寻找一个平衡点，这个平衡点就是“销售提成如何定”的答案。

尽管各行各业的销售提成不尽相同，但是万变不离其宗，根据以下流程和方法，可以帮助小微企业销售团队领导者结合自己团队的实际情况制定合理的销售提成。

首先，制定销售员（业务员）的底薪标准。

在同一个销售型团队中，不同的销售员的工作时间、工作经验、工作职位等是不同的，因此，在制定销售员底薪时要避免“一刀切”，应因人而定，具体可以采用阶梯式底薪的方法，综合员工工作年限、工作职位等标准制定不同层次的底薪。

其次，制定销售提成标准。

提成标准的制定是一个比较复杂的问题，小微企业销售型团队管理者应综合考虑企业的发展和团队风格等各方面的问题，还要做到统筹兼顾、科学严谨。

确定销售提成标准的依据

再次，确定提成方法。

确定销售提成的方法是多种多样的，具体可以根据企业的产品特性、订单情况来确定提成方法，一般来说，企业更侧重哪一个指标就可以根据哪个指标的情况来确定提成方法。

表 6-1 销售提成制定标准

销售提成标准的依据		销售提成标准
企业发展阶段	初创阶段	低底薪高提成
	上升阶段	高底薪高提成
	稳定阶段	高底薪低提成
岗位贡献		重要岗位高提成
		次要岗位低提成
销售员收入		高收入高提成
		低收入低提成
辅助性提成		回款提成
		超额任务提成
		销售点增加率提成

表 6-2 销售提成制定方法

制定依据	提成方法
订单 / 产品分类	总订单 / 总品类提成
	价格带分类提成
	利润带分类提成
提成来源	销量提成
	利润提成
	毛利提成
提成时间	签单后提成
	回款后提成
提成条件	订单完成率提成
	回款完成率提成
	利润完成率提成

最后，按时发放提成和工资。

按时发放提成和工资能够稳定员工心态，使员工有成就感，同时，对员工以后努力工作也是一种鼓励。

6.4 客户获取与客户关系管理

6.4.1 客户获取

对于任何销售型团队来说，不断获取客户都是团队持续成长的基础，对于小微企业销售型团队来说更是如此。小微企业销售型团队要想不断获得客户，就需要企业、员工两方面的共同努力。

对于企业来说，管理者应通过多种渠道，如参加展会、社群筛选、宣传撒网、资源互换、网络引流等，为员工提供尽可能多的目标客户的相关准确信息，尽可能地减少员工的“无用功”，提高员工获取客户的效率。

对于员工来说，可以通过前文提到的以老带新的方法，通过老员工带新员工的方式，让新员工快速掌握获取客户、鉴别优质客户的方法，使员工快速完成首次签单，并在此后的工作中不断提高签单的成功率。

6.4.2 客户关系管理

不同的销售员有不同的工作习惯和风格，小微企业销售型团队管理者应该充分尊重员工。在此基础上，管理者应该重视对员工的培训，鼓励员工分享和交流成功签单的技巧和经验，必要时，可以组织分享会来增强员工的业务能力。

知识链接

CRM

从管理学的角度来说，客户关系管理（Customer Relationship Management，CRM）是企业为客户所提供的个性化的客户交互和服务的动态过程，具体细分为B2B CRM及B2C CRM。其中，B2B CRM指企业用户管理，B2C CRM指个人客户管理，旨在将潜在客户转化为目标客户，吸引新客户、维护老客户。

目前，市面上已经有成熟的CRM软件支持企业进行客户管理，包括客户信息、订单信息录入系统管理，以及报价、收款提醒管理服务，小微企业可以结合自己的实际情况引入或建立属于自己的CRM系统。

6.5 规范产品与服务介绍

产品与服务是小微企业的生命，小微企业销售型团队要想为企业创造良好的业绩，应规范销售人员对企业产品与服务的介绍，通过诚恳的态度、真实的产品与服务介绍为企业赢取更多优质客户。

一些小微企业销售型团队管理者经常会遇到这样的问题，在企业迫切需要壮大客户群体、员工迫切需要签单增加提成的情况下，部分员工可能会对客户夸大产品功能、质量，这种行为尽管使得签单率提升，却也导致退单率居高不下。

W 企业刚刚成立不久，经过一年的摸索，终于能在行业中分到市场的“一杯羹”，虽然 W 企业在市场中分得的“羹”很少、企业收益在市场中所占的份额微不足道，但是企业一切向好的发展形势给了整个团队莫大的鼓舞，企业总经理更是在年末给销售团队中的每个成员都包了一个大大的红包以示鼓励。

随着企业迈入新的工作年度，销售团队为了再创佳绩，制订了更高的销售目标，鼓励员工发挥“聪明才智”去签约新客户。一些销售员为了完成销售任务，在跟客户介绍产品的过程中存在夸大其词、虚假介绍的现象，导致第一季度的客户退单率非常高。同时，W 企业的业界口碑严重下滑，企业不得不重新开发新的产品和营销渠道，由此 W 企业在刚起步阶段就走了一段不小的弯路。

因此，特别需要提醒小微企业经营管理者的一点是，销售员不诚实的营销不仅会导致退单率的提高，还会给企业带来严重的不良影响，破坏企业良好形象，这种做法万万不可取，要坚决杜绝。

6.6 规范合同签署

合同是双方或多方为了保障各自的权利和义务而订立的共同遵守的条文，合同需要订立者（方）在平等互利、协商一致、诚实守信的基础上签订。

小微企业经营管理者应重视企业所有合同的签署，包括以企业为主体签订的合同，也包括企业与员工签署的合同、企业员工对外签署的合同。

各个行业不同，合同的格式与书写规范也不同，但无论哪个行业、多大规模的企业所使用的合同，都要遵守国家法律和行业政策，在此基础上，不同企业的合同可以结合企业具体经营管理情况来拟定。

小微企业销售型团队的销售合同的订立不仅应遵守国家法律，也应遵守企业的相关规定，确保合同合法有效。

作为团队管理者，在每次为销售员拟定合同时，都要依照企业规定的合同格式或合同模板来进行。在每次签署合同之前，提醒销售员在签订合同的过程中，要逐一核对合同要素，并对合同的各项条款一一核对确认，特殊条款更要明确。

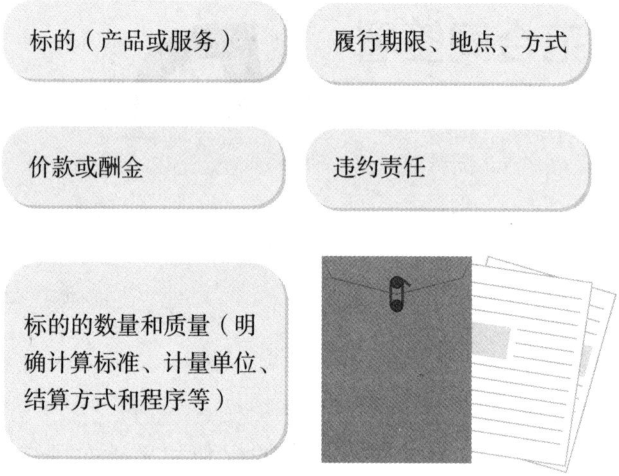

销售合同基本要素

避免合同陷阱

无论是小微企业团队管理者还是销售员，在签署销售合同时都应明确以下合同内容，避免合同无效或存在陷阱。

- 合同要遵守《中华人民共和国民法典》有关合同法律的相关规定。

● 确认对方是否有签署合同的资格，是否有代理权限、是否有实际履行能力。

● 用词要明确，切忌使用“月内完成”“一定完成”等含混不清的措辞；履行地点、人等，应避免因重名而发生错误。

● 留意对方标的物或抵押物是否为法律禁止或限制流通物。

● 怀疑对方当事人的资信时，如有必要，可要求对方提供担保。

● 留意对方是否存在虚开支票、套取产品或服务的情况。

● 合同签署人应由当事人签字，其他人不得代签。

6.7 销售考核

6.7.1 标准明确、多元，不唯业绩论英雄

科学、合理的销售考核不仅能对销售人员起到激励作用，而且还能增强整个销售团队的凝聚力。

小微企业销售型团队在对销售员进行销售考核时，首先，应明确考核的标准，并且，考核的各项标准是每一个销售员都在销售行为前明确知晓、认可的。有了具体的标准作为参照，就能让销售员清楚自己在工作中应该努力的方向，避免在工作中做一些“无用功”或产生工作失误，从而使工作更高效。

多元化的销售考核标准是必要的。在进行销售考核时，既要关注定量标准，如销售额、客户数量、市场占有率、回款额和回款率等；

也要关注定性标准，如联系和拜访客户的次数、频率等，要充分了解销售员对企业的贡献和销售员的努力程度。

其次，需要提醒小微企业销售型团队管理者的一点是，尽管销售员的业绩很重要，但是不能唯业绩论英雄。例如，刚入职的新员工经验不足、客户少、业绩低，应给予适当的鼓励；若有金牌销售员因家人病重请假回老家探亲，导致当月业绩较低、在团队中排名倒数，建议销售团队管理者在进行销售考核时，也应适当增加补贴而不是实施末位惩罚机制；如果有销售员签约了一名优质客户，虽然客户首次签单时给企业贡献的利润较低，但是客户对企业形象、未来发展有重大积极的影响，在销售考核中，也应给予销售员附加奖励。

6.7.2 销售团队绩效考核

当小微企业经营管理者就企业不同销售团队进行整体绩效考核时，除了考虑到单个销售员销售考核时应该注意的问题外，还需要关注以下几个方面的内容。

首先，既要关注团队整体销售业绩，也要关注不同销售员在团队销售业绩中的贡献率。要考虑到优秀销售团队中有“低标准过关”者、销售业绩不佳的团队中有“贡献突出”者。

其次，作为团队管理者，应正确看待加班这件事，加班时间长短并不一定与销售员的业绩高低成正比，要给予员工充分的弹性工作时间，可以为员工设定合理的最低销售指标，至于员工是在上午还是下午、工作时间还是午休时间、月初还是月末完成业绩指标，不用刻板限定。

再次，了解和考察团队士气，这对销售团队和整个企业的未来发展具有重要意义。

最后，就团队管理者而言，小微企业管理者应坚持各团队销售考核的公平性；各销售团队管理者应勇于承担销售考核压力和责任，与整个团队共进退，不居功、不甩锅。

销售团队销售考核要点

第 7 章

小微企业生产型团队管理

对于以生产制造为主的小微企业而言，生产是企业生存立命的根本所在，至关重要。

在小微企业生产型团队管理中，管理者要明白团队的重心工作应该围绕生产开展，团队的主要任务是将原材料加工、生产为成品或半成品，要科学把控生产的全过程与每一个细节，注意生产进度、生产成本、产品质量等问题。

7.1 生产组织

生产组织是生产型团队的骨架，一个成熟、完整的生产组织可以保障团队工作的平稳运行。

随着现代企业制度的发展与完善，生产组织也更加灵活，可根据不同的企业类型做不同的调整。生产制造是一个庞大而复杂的体系，包括加工装配等多种类型，因而生产类型不同的企业往往有不同的生产组织形式。

7.1.1 流水线组织形式

流水线生产是指原材料或半成品按照一定的生产程序和速度，在连续的生产线路上经过并被不断加工，从而形成完整产品的生产方式。流水线生产是典型的生产过程组织方式，可以高效完成生产，提高生产效率。

在设置流水线时，需要先计算出流水线的节拍、各道工序所需的工作地数目和作业人数等，在确定流水线节拍后，要根据节拍来选择运输方式和运输装置。

计算出所需数值后，根据具体数值来确定流水线的平面布置设计，常用的平面布置设计有直线形、直角形、U形、S形流水线等。最后根据流水线的布置来确定具体工序的设置以及人员的分配。

知识链接

流水线的节拍

节拍是流水线上两个连续产出的相同制品的时间间隔，节拍的计算公式如下：

$$R = T_{制}\eta / Q = T_{效} / Q$$

R为节拍，$T_{制}$为制度工作时间，$T_{效}$为有效工作时间，Q为计划期产量。用制度工作时间乘以有效利用率系数η，再除以计划期产量或用有效工作时间除以计划期产量就可以得出生产节拍了。

若节拍的数值小，则产品的体积较小，适合成批传送；若节拍的数值大，则产品的体积大，适合按件传送。

流水线节拍可以分为强制节拍流水线、自由节拍流水线和粗略节拍流水线。强制节拍流水线主要采用传送带来确保精确的出产节拍。自由节拍流水线的生产连续性较低，主要采用连续式运输带、滚道或平板运输车等工具。粗略节拍流水线对生产连续性的要求不高，一般采用重力滑道、吊车等运输工具。

7.1.2　成组技术组织形式

随着现代科技的发展，产品的更新换代也变得越来越快，产品的生命周期逐渐缩短。这也就意味着，企业生产新产品的频率变快了，多品种小批量生产逐渐成为很多小微企业的生产模式。

成组技术是对相似的零部件进行分组，将其列入同一零件组，每一个生产团队中的不同零件就会被分为不同的小组，再对不同的小组进行分类编码，根据分类编码来识别零件的功能和结构，以此加快生产速度。

成组技术的生产组织形式主要分为三种，即成组加工单机、成组加工单元和成组加工流水线。

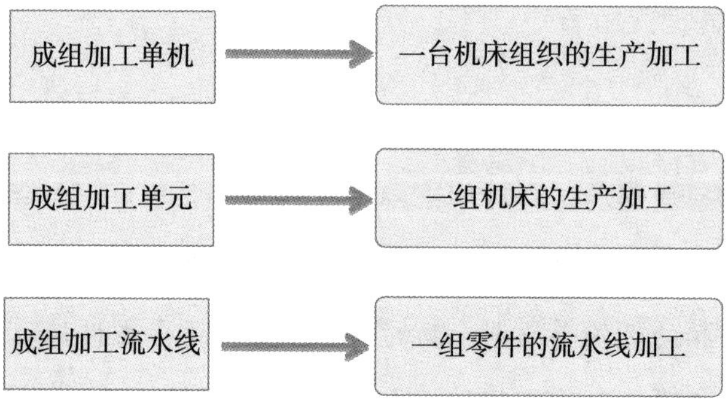

成组技术的生产组织形式

成组加工单机（包括成组加工单机封闭）是成组技术中最基础的生产组织形式，其主要的加工特点是围绕一台机床进行零件加工。生产环节较为简单，是单机封闭形式的机床加工。

成组加工单元有相对应的机床组，一组机床分配相应数量的员工。各个机床按照一定的生产顺序排列，形成一定的规模化生产，这极大地提高了生产效率。

成组加工流水线是指按照流水线的方式加工一组零件，对于企业的生产技术水平要求较高。它与一般流水线的区别在于，流水线上流动的是一组相似零件，可以实现大规模生产，同时也可以缩短生产时间、降低生产成本。

7.2 质量管理

产品质量是生产制造的核心，提高产品质量是生产型团队的努力方向。只有产品质量有保障，企业的发展才能更长久。

7.2.1 标准化作业

如果企业生产数量多、规模大，进行标准化生产作业时可以尽可能地保证产品质量的一致性，将误差降到最低。

标准化作业就是生产方式的标准化，需要员工在生产过程中按照统一的标准进行操作。有了统一的标准，员工在进行加工生产时才会有所参照，使产品符合标准需求。在进行生产时，员工要严格按照规定的样式、数量进行生产，不能擅自更改。这样可以减少员工个人因素对产品生产的影响，从而保证产品质量。

标准化作业有三要素：周期时间、作业程序和标准手头存活量。

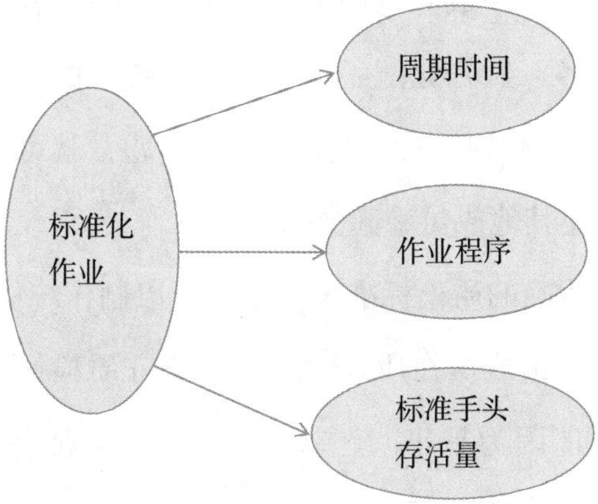

标准化作业的三要素

周期时间是完成一道工序所需的必要时间。在生产开始前要预估生产所需的周期时间，并严格把控，在有限的时间内完成工作任务。

作业程序是完成生产工序的所需程序步骤。想要提高产品质量就要保证生产的每一个程序步骤的正确性，一旦某个程序出现错误，整个产品的质量就会不合格。

标准手头存活量是指一定的库存量。在生产过程中难免会发生意外，因此需要一定的材料库存以备不时之需，标准手头存活量是产品生产的保障。

7.2.2 重视质检

想要保障产品质量，就要在生产过程中时刻保持警惕，确保每一环节都符合要求、准确无误，生产结束后也要做好质检（质量检查）工作，即保证每一个产品都符合质量标准。

首先，要在团队中成立专门的质检小组，负责检查产品质量。小组成员要明确任务，做好分配工作，每个人负责的具体项目和工序要清晰准确，这样，一旦某一产品质量出现问题，就可以将具体责任明确到个人，不会使其他成员一起受罚。

其次，要有明确的质检标准或制度，可以制作统一的质量检查表，规定质检内容。小组成员在质检时要严格遵守质检标准，将不合格的产品找出来，不能因为是小问题就予以通过，否则很可能留下隐患。一旦不合格产品流入市场，可能为整个企业造成无法挽回的损失。

最后，质检的时间不应间隔过久。如果团队中每日生产的产品数量较多，那么最好每天都安排质检工作，这样就可以保证大部分产品的质量；如果团队每日生产的产品较少，质检工作可以隔几天进行一次。总之，质检是产品质量合格的有效保障，只有将质检落实到日常生产中，才能保障产品质量合格。

7.2.3 树立质量第一的意识

产品质量是产品生产的核心，生产型企业中的每一位成员都应当树立产品质量第一的意识。

产品生产的过程复杂而漫长，在这一过程中难免会出现问题，如果仅仅依靠质检人员，很难发现并解决所有问题。想要保障产品质量，就要依靠所有企业成员的共同努力。

一旦产品交易完成，就不能再做更改了。所以，在生产过程中，企业成员要自觉维护产品质量，如果发现产品质量出现问题要尽早反映，避免造成不必要的损失。

质量管理中哪些内容必须引起重视？

质量管理中的日常检查是保障产品质量的有效途经，那么，质量管理检查主要包括哪些内容呢？简析如下。

- 检查范围，主要包括工作检查、生产操作检查、质量保管检查、设备维护检查等方面的内容。
- 检查频率，依照不同的检查内容而定。日常工作检查的检查频率比较高，设备检查的频率相对较低。
- 检查内容的反馈。检查记录要上交相关部门或企业管理者，管理者要依据检查记录，根据生产设备、生产模式的调整不断完善质量检查的项目和相关注意事项，使检查更全面、更实用。
- 实施质量检查的负责人员。每一次检查的负责人员都要有记录，这样，一旦产品质量出现问题，就可以将职责落实到个人。
- 奖惩制度。管理者要建立相关的奖惩制度，奖励在质量检查中认真负责的员工，惩罚犯错的员工，以此鼓励员工认真对待产品质量检查，避免犯错。

7.3 控制生产成本

小微企业规模小、资金少，想要在激烈的市场竞争中谋求长远发展，生产成本就是其不得不面对的一个重要问题。控制好生产成本，能够减轻企业的资金压力。

7.3.1 控制原料成本

企业要进行生产，就要先购买原材料，如果可以将购买原材料的支出减少，就可以节约成本。

在购买原材料之前要做好预算，这样可以避免超支。如果情况特殊，不得不超出预算，可以试着在其他方面将超支的部分资金补回来。

在生产过程中，要尽量提高原材料的利用率，以此降低对原材料的消耗，节约成本。不能浪费原材料，要做到物尽其用，可以多方面开发、使用原材料。

减少原材料的购买数量也可以控制原材料成本，但要视情况而定。如果企业的生产规模缩减或是生产设备升级，对原材料的需求减少，可以适当减少原材料的购买数量，节约成本。但如果生产运营正常，就不能因为需要缩减成本而减少原材料的购买数量，这样做，必然会导致在后续生产过程中因为缺少原材料而影响最终的产品数量，甚至可能导致订单延误、客户流失的严重后果，无疑是得不偿失的。

7.3.2 控制人力资源支出

生产团队中的人力资源相关费用在企业运营成本中占有很大的比重，如果能够控制好人力资源的支出，就可以减少企业的支出费用。

小微企业生产型团队的管理者要清楚团队的具体用人数量，在招收新员工时要严格按照所需人数进行招聘，不能过多。如果团队人员过多，不仅会使团队人力资源开支过多，还会造成人员冗杂、工作交叉、权责不明的情况发生，因此要尽量控制新员工的招收数量，节约成本。

对于团队员工薪资的管理也要严格遵循企业相关规定，不能无故给员工薪资奖励，增加企业资金负担。企业成员的薪资水平要与市场上同一职位员工的薪资水平相吻合，薪资差距不能过大。这样，可以使企业在员工薪资上的支出和同类型企业的生产部门的人力资源支出相持平，既能让员工满意，也可以减少企业开支。

7.3.3 减少不必要的开支

在生产过程中还有购买设备的费用、管理费用等多方面的费用支出，这就需要管理者做好判断，将不必要的开支省去，以此节约生产成本。

如果企业经营出现问题或资金不足，那么一些不必要的团队活动也应该取消，减少开支。企业成员在工作中也应当注重节俭，不要浪费，如尽量节省企业的纸张、水等公共资源，使用办公设备时也要格外细心，不要造成损坏。如果办公楼的租金过于昂贵，也可以考虑换到租金较少的办公地点。总之，作为小微企业的经营管理者，要想办法节约成本，减少不必要的开支。

7.4　提高生产效率

生产效率是指在固定投入量下，制品的实际产出和最大产出的比率。提高生产效率是降低生产成本的根本途径，也是小微企业长久发展的关键。

7.4.1　引进先进生产设备

生产设备是企业生产运作的重要组成部分，也是企业资产的一部分。企业设备的好坏会影响企业的生产状况、产能大小，先进的生产设备可以提升产能，提升企业生产效率。

企业的生产效率往往是稳定的，很难在短时间内获得提升。如果企业想要快速提升生产效率，可以更换更加先进、生产速度更快的设备，这样就可以提高生产速度、缩短生产时间，达到提升生产效率的目的。

引进先进生产设备是最直接也是最快速的提升企业生产效率的方法，但需要较多的资金投入，更适合生产规模较大、资金周转正常且有大量可用资金的企业，而对于大部分小微企业而言，在短时间内引进大量先进设备是很难实现的。

7.4.2　保证生产过程的稳定性

对于生产型团队而言，员工对生产过程的熟练程度更能影响企业生产效率的提升。

如果企业经常更换生产工序和步骤，员工就会因为不熟悉新的生产工序而浪费工作时间，如此一来，在员工作业时间不变的情况下，生产的总量却可能骤然减少，这就会使企业的生产效率降低。因此，为了保障企业的生产效率，管理者应当尽量保证生产过程的稳定性，不随意更换生产工序。

在生产过程中，如果员工对某一生产工序的熟练度提升，其加工速度也会逐渐提升，在固定时间内生产的产品数量也会提升。如果所有团队成员的生产熟练度都得到提升，那么企业的生产效率也会得到提升。由此可见，保证生产过程的稳定性能够提升企业生产效率。

7.4.3　提高员工生产积极性

对于生产型团队而言，员工是生产的基础，为企业生产提供了基本的人力资源。因此，如果可以提升员工的生产积极性，就可以提升企业的生产效率。

提升员工生产积极性的方法有很多，如在日常工作中鼓励员工、设置激励机制、奖励优秀员工等，这些都可以达到提升员工生产积极性的效果。

员工的生产积极性提高了，其工作时就会更加专注、更加认真，在固定的工作时间内生产的产品就会更多，产品质量也更有保障。这样就可以节约生产时间，提升企业生产效率了。

知识链接

生产效率的计算

生产效率 =（实际产量 × 标准工时）/［实际人力 ×（8 小时 - 挡产工时 + 加班工时）］

生产效率 =（当天实际产量 × 标准工时）/（当天出勤工时 - 除外时间 - 人力支援时间）

7.5 团队生产环境管理

生产环境主要指企业进行生产的大环境，包括进行生产的车间环境以及生产所用的设备维护。营造干净整洁的生产环境，可以为员工提供较好的工作环境，有助于提升生产效率。

7.5.1 生产环境管理

生产车间是企业加工、制造产品的主要环境场所，车间的作业环境会直接影响员工的作业效率。因此，要有专门的管理制度来维护生产车间的环境。

生产车间环境管理制度中应当包括车间环境卫生检查标准、日常清理要求和注意事项等方面的内容。

保持车间通道的宽敞、整洁也是车间环境维护的重要内容。生产车间会不时引进大型设备，生产所需的材料的运送也会通过车间通道，员工若将个人物品或生产用具随意堆放于通道处，可能会阻挡原材料和其他机械设备的运送，耽误生产时间。

采光和照明也是生产车间要注意的事项，特别是对于一些走精细化生产路线的企业而言，车间的采光和照明至关重要。采光和照明良好的车间，员工生产不受光照限制，不会影响正常生产；采光或光照条件差的生产车间，员工在生产时可能难以看清生产零部件，在组装时很容易出错，耽误生产进度。

保持通风是生产车间一定要做到的。生产车间员工数量多、分布密集，又有设备运行，车间内热量高，空气流通性差。因此，车间一定要保持通风，可以开窗进行自然通风，也可以安装相关设备，进行人工通风。通风可以使车间内温度、湿度正常，能够为员工提供良好的生产环境，也可以避免生产设备因车间内过于干燥而起火。

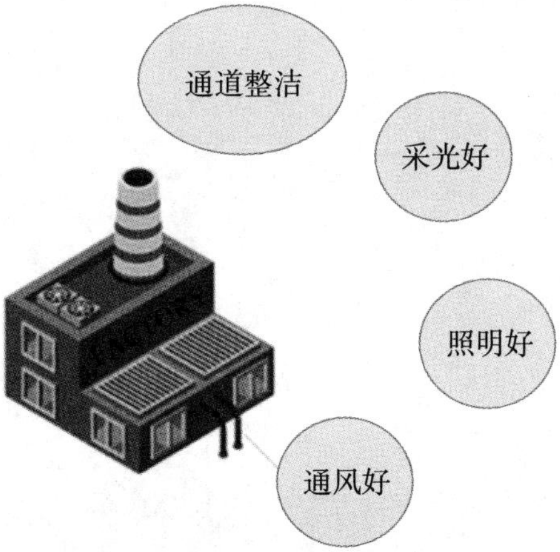

营造良好的生产车间环境

7.5.2 生产设备管理

生产设备的好坏决定了企业生产能否正常进行，企业管理者要重视生产设备的日常维护与清洁。

小微企业生产型团队中要有专门的小组，负责企业设备的日常维护与维修。

小组成员要熟悉设备的运作原理，如果出现故障，能够尽可能快地解决故障，保障设备完好。

团队成员还要负责设备的清洁工作，生产设备经常使用，就会产生污垢，如果长时间不清理，可能会影响设备的使用性能，还会对车间的整体环境造成影响。因此，团队成员要定期对设备进行清洁和消毒，这也能够延长设备的使用寿命。

如果是大型生产设备，且具有噪声污染问题或需要排放污染物，则需要配备相应的噪声控制装置和污染处理装置，以达到相关法规的要求，为员工提供一个良好的生产环境。

7.6　关注生产安全

生产安全是小微企业生产型团队生存发展的基础，只有保障好企业的生产安全，才能保证团队乃至企业的长远发展。

7.6.1　制定安全生产管理制度

生产安全事关企业的发展，因此在生产型团队建立之初就应根据企业生产、发展现状制定相应的安全生产管理制度，用以提醒员工，注意安全生产。

安全管理制度是用以预防生产过程中的意外情况的，目的是提高员工的安全防范意识，使其时刻关注生产安全问题。同时，如果有意外情况发生，安全生产管理制度可以为员工提供紧急处理办法和紧急救援办法，使其能够在最短的时间内作出反应，有条不紊地解决危机，最大程度地降低企业的损失。

团队的安全生产管理制度包括在生产过程中应当注意的安全事项、出现紧急情况时应采取的应对方法和救援办法、对员工生产安全意识的培训等多方面内容。

在完成安全生产管理制度的制定后，管理者要带领企业成员熟悉该制度，确保每个参与生产的员工都对制度内容有所了解。一旦有意外发生，该制度可以为员工提供必要的安全指导。

在企业发展过程中，管理者要根据生产的发展、企业的变化不断调整与完善制度内容，做到与时俱进。

7.6.2 加强企业安全教育

生产型企业中的大部分员工都会参与企业生产的过程，因此加强整个企业的安全教育就显得至关重要。

管理者要组织企业成员参与安全教育培训，使各位成员明确生产安全的重要性。在安全教育中，要着重进行生产事故的应急处理培训，使企业成员能够掌握基本的处理办法。

同时，在安全教育中应当向企业成员强调个人安全的重要性，一旦发生意外，应该首先保证自身生命安全，在生产过程中，坚持安全第一的原则。

7.6.3 进行安全生产检查

为保证企业的生产安全，生产型企业内部应当成立特定的安全检查小组，专门负责检查各个生产过程中存在的安全隐患。

检查小组的人员不必过多，但要熟悉生产过程中可能存在的各种隐患，主要负责企业生产线每日的安全检查工作。

在检查过程中，主要检查生产设备的运营状况，如果有特殊情况，要及时向管理者以及相关部门反映，在第一时间排除安全隐患。

安全生产检查不容忽视

● 检查生产设备、工具、车间堆放的个人物品以及储存的生产材料是否符合安全标准。

● 检查车间和库房内的通风、防晒、调温、灭火、防爆、防毒、消毒、防腐设施是否可以正常工作，是否符合安全运行的标准。

● 检查车间的报警装置是否可以正常运行。

● 检查生产中用到的危险物品，如化学试剂等的包装是否完好，是否存在泄漏风险；危险物品的存放装置是否安全，其运输通道是否符合安全标准。

● 检查车间和库房的救援设备是否齐全、完好，其放置位置是否符合法律规定。

● 检查车间内的设备和个人物品摆放是否符合安全标准，会不会影响生产的正常进行。

第 8 章

小微企业科研型团队管理

小微企业的科研型团队致力于企业产品的研发和创新，团队的成员往往具有较强的专业背景知识，掌握着企业的核心技术，引领着企业未来的发展方向，因此如何吸引人才、留住人才是科研型团队管理的重要内容。

技术引进与改造是提高小微企业技术能力的有力武器，技术创新是企业进步和发展的动力，二者有机结合可以让小微企业快速成长和发展。

8.1 吸引人才，留住人才

企业的成果都是由人创造的，人才无疑是企业内最重要的资源之一。企业与企业之间的竞争归根到底是人才与人才之间的竞争，因此，如何吸引人才并留住人才是企业管理的重要内容。

小微企业员工相对较少，每位员工在企业中都有着重要的工作，人才在小微企业中的重要性自然不言而喻。

8.1.1 科研型团队的特点

科研型团队是指由团队带头人与相关科研人员组成的以创造自主知识产权成果为共同目标的团队，团队内的成员往往各有所长，大家需要相互合作才能共同完成科技研发任务。

小微企业的科研型团队规模小，分工更加明确，各个团队成员之间互补合作、缺一不可，成员的专业技能与团队需求匹配度高，因此人才在小微企业的科研型团队中的重要性更加突出。

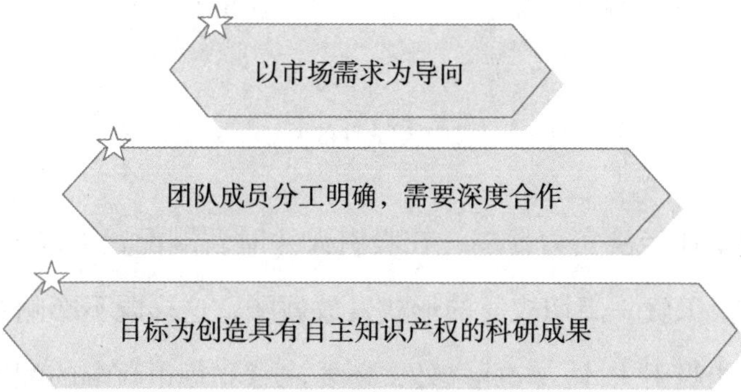

科研型团队的特点

8.1.2 如何吸引人才

人才对于科研型团队至关重要，科研成果需要团队所有成员共同努力才能获得。一个科研团队想要持续稳定地创造成果，就需要不断地创新，而要维持团队的创新能力，一方面需要吸引相关人才，另一方面则需要通过各种方式留住团队内已有的人才。在吸引人才时可以从以下几个方面入手。

◆ 科学合理的薪酬体系

科研型团队需要的人才往往对专业性和能力的要求更高，这种人才在人才市场上也比较稀有，因此可以通过科学合理的薪酬体系来吸引人才。

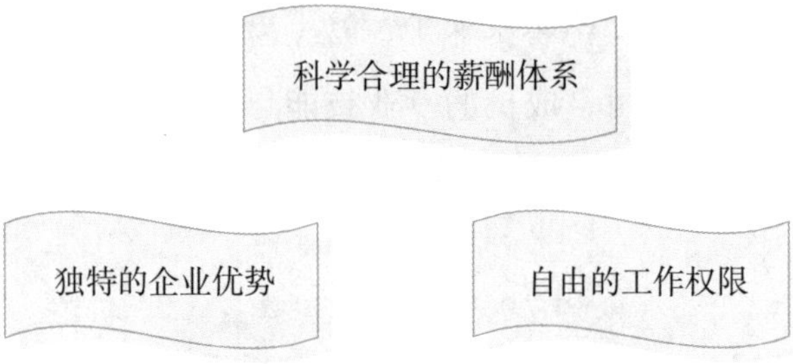

企业吸引人才的方式

小微企业经济实力薄弱，在吸引人才时薪酬配置可以灵活处理，如使用“低工资＋高期权”的形式发放薪酬，这样既不影响企业的现金流，又能吸引人才。除此之外，还要注意非货币薪酬的配置，如生日祝福、家属关怀等，这些福利既花费不了多少资金，又能给员工及员工家属带来温暖。

科学合理的薪酬体系可以为人才提供经济上的保障，是吸引人才的重要手段之一。

◆ 独特的企业优势

小微企业或许没有大型企业雄厚的实力，但是小微企业具有自己独特的优势，如广阔的发展前景。如今的腾讯和华为等都是世界五百强企业，但是他们在互联网刚刚兴起时也不过是只有几十人的小团队，正是依靠着行业广阔的发展前景源源不断地吸引人才加入，才有如今的成就。

企业要做好宣传工作，将取得的成绩通过各种渠道进行宣传，树立良好的企业形象，在业界形成良好的口碑，以此来吸引人才。

◆ 自由的工作权限

小微企业的管理相对来讲更加灵活，作为管理者可以为员工提供更自由的工作权限，企业可以以此来吸引人才。

一些人才在自己的专业领域有独到的见解，渴望通过平台施展自己的抱负，实现自我价值，这样的人才会更愿意加入具有更高个人权限的企业。小微企业可以利用这一点，为人才提供自由的工作平台，让他们大展拳脚，这样，人才也能够感受到企业对自己的信任，从而更加努力工作。

8.1.3 如何留住人才

一些小微企业通过招聘来吸引优秀的人才，但是对于人才的流失却不加重视。如果团队内的人才一直处于流动状态，将对科研型团队内部知识的积累十分不利。所以，科研型团队在吸引人才的同时也要留住人才，想要留住人才，具体可以从以下几个方面着手。

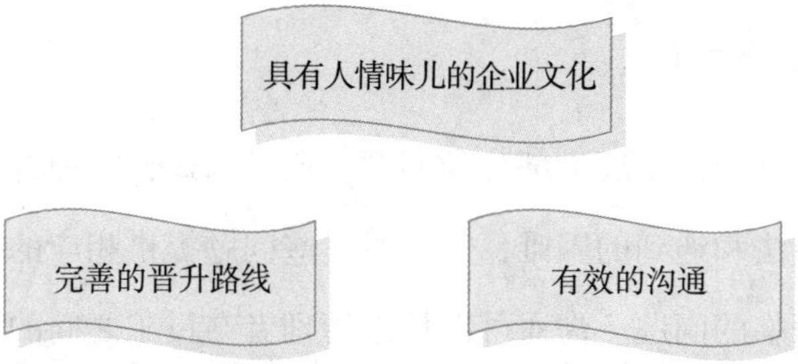

小微企业留住人才的方式

◆ 要具有人情味儿的企业文化

企业文化要具有人情味儿。企业的管理者应在生活各个方面关怀员工，在企业内部形成和谐的人际关系，让员工能感受到来自企业的温暖，增强员工的归属感，这样，自然可以留住人才，防止人才流失。

张某的妻子不幸得了重病，张某急需用钱，他所在的公司在内部发布消息为张某筹款，同事们纷纷尽自己所能捐助张某，最终帮助张某的妻子及时得到救治。张某对同事们充满感激，事情过后，张某工作更加尽心尽力，本想离职的他也因此决定继续留在公司。

◆ 完善的晋升路线

优秀的人才通常不会满足于现状，他们对自己的职业具有清晰的规划，企业想要留住这样的人才就需要在企业内部设置合理的人才晋升、发展路线，并让员工了解。这既能激发员工工作的动力，又能让员工在企业内得到良好的发展。

◆ 有效的沟通

沟通常常可以解决大部分的问题。通过沟通，管理者可以及时了解员工的想法和遇到的困难，并针对这些问题提供相应的援助，从而解决员工面临的问题。沟通可以拉近管理者与员工之间的距离，增强管理者对员工的了解，有助于管理者针对员工的个人特点进行个性管理。例如，一些员工喜欢富有挑战性的工作，那么，管理者在安排工作时可以将类似的工作优先安排给这类员工。有效的沟通也能让员工感受到企业对员工的重视，增强员工的归属感。

人才流动，企业资产也会流失吗？

企业的资产除了企业内部看得见的各种实物资产，还有看不见的隐形资产，如企业的研究成果等，除此之外，还有一种资产容易被忽视，那就是员工的经验资产。企业之所以要利用各种办法留住核心员工，正是因为这些员工自身携带的经验资产十分宝贵，但是，如果员工已经离职，企业应如何减少因为人才流动而造成的损失呢？

利用 ERP、CRM 等软件可以把员工的一部分知识记录存储下来。企业通过技术手段构建完整的知识库系统，当人才流失时，知识仍可留存下来，这样可以在一定程度上减少企业因员工离职造成的损失。

单从技术上并不能完美解决问题，企业仍需在挽留人才上多加努力。为此，一些企业设置了内部转岗，这种措施可以将员工的外部跳槽转为内部跳槽，以此减少企业的人才流失。

8.2 技术引进与改造

8.2.1 什么是技术引进

一些人认为技术引进是指购买成套的设备、仪器或机器，还有一些人认为技术引进是指购买专利等，这两种说法都是不确切的。《技术引进和设备进口工作暂行实施条例》中将技术引进定义为“通过贸易途径，以各种不同的合同方式，从外国获得发展我国国民经济和提高技术水平所需要的先进技术”。

技术引进包含多项内容，具体分为以下四个方面。

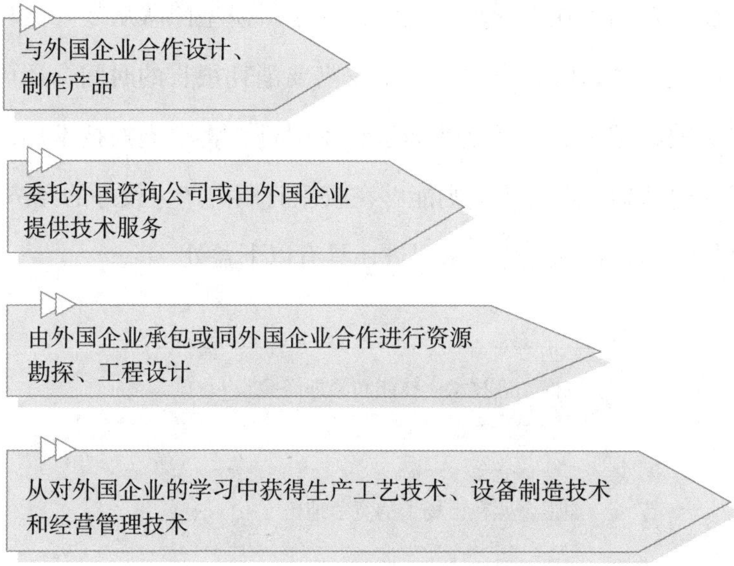

技术引进的具体内容

企业对于生产手段和设备的引进较易处理，对于纯技术的引进则需要一个消化吸收的过程，这个过程需要企业人员具备专业的知识储备和刻苦的钻研精神。小微企业在初期可以引进生产手段和设备，这样便于操作和实现，等到企业规模发展到一定程度，可以考虑引进纯技术。

8.2.2 技术引进的益处

据估计，想要创造一项成熟的科研成果并将其投入生产通常需要 10 年左右的时间，而如果采用技术引进则只需要 3 年左右的时间即可将技术投入生产①。

① 汪和平，刘新跃，张洪亮 . 技术创新管理：新时代中国企业技术引进良性发展之路 [M]. 北京：机械工业出版社，2018：52.

小微企业间存在着激烈的竞争，如果科研型团队从零开始自主创新则面临很大的风险：自主创新不仅需要消耗很长的时间，还可能出现研发失败的结果。小微企业通过技术引进，将引进的技术加以消化吸收并在此基础上进行改造则能够在较短时期内产生较好的经济收益。除此之外，小微企业进行技术引进还具有以下益处。

- 取得先进技术、技能和管理经验
- 加强企业在市场上的竞争地位
- 提高企业社会地位，改善职工待遇
- 拓宽决策范围
- 取得政府优惠待遇与政策奖励

小微企业进行技术引进的益处

8.2.3 改造能力不容忽视

在市场竞争中，小微企业科研型团队如果可以在技术引进与改造上有所突破，或许可以实现弯道超车，大幅提升企业实力。

政府鼓励技术引进与改造，对于企业的技术引进与改造，政府设立了相关优惠政策并给予了财政支持，对此小微企业应充分利用优惠政策，把握机会，寻求自身发展。

知识链接

专利技术与专有技术

技术按照公开程度可分为专利技术和专有技术。专利技术是指通过申请获得专利权后在有效期内受法律保护的一种技术，按照专利法要求，专利技术应全部公开。如果其他企业想要使用该专利技术需获得专利权所有者的同意。专有技术是秘密的、不公开的技术，是从事某些生产活动所必需的技术，是企事业单位的技术核心。

专利技术与专有技术有以下几个不同点。

- 专利技术是公开的技术，而专有技术是不公开的技术。
- 专利技术受专利法保护，专有技术不受专利法保护。
- 专利技术有时间性和地域性。专利技术如果过了保护期就不受专利法保护；专利技术在批准授权的地域内受法律保护，具有地域性特点。专有技术因为没有公开且不受专利法保护，因此没有时间约束。

8.3 技术创新

8.3.1 技术创新的作用

技术创新可以提高企业的竞争力，推动企业发展，还能够给企业带来经济利益。但是，技术创新并不是一蹴而就的，前期可能需要投入很多时间、精力和资金，即便如此，也不一定能够产生预期效果，其投入产出不一定成正比。一些企业单看眼前利益，以利润为唯一衡量标准，不重视技术创新，这样的企业可能风光一时，却难以一直发展下去。

W 企业和 T 企业均是家电制造企业，二者几乎同时起家，竞争力相当。W 企业看重眼前利益，企业内部各部门以利润为先，制造的家电产品均是市场上一时热销的产品。T 企业在重视当下的同时，对公司的发展进行长远谋划，每年都拿出企业利润的一部分用于技术创新，研制新产品。几年之后，T 企业拥有了多项技术专利，其研发的产品新颖独特，受到客户的一致好评，T 企业也成为家电市场的领军企业。而反观 W 企业由于一直没有技术创新，只能被 T 企业远远地甩在后面。

企业在激烈的市场竞争中如逆水行舟，不进则退。技术创新就是企业逆水行舟的动力，一个企业如果可以一直保持技术创新则可以延长生命周期。某品牌手机从第一代到如今已经更新过十几代了，每一代产品都十分畅销，这正是因为该手机每一次更新迭代都有技术创新，是技术创新让该手机一直引领潮流。

创新是一个企业不断进步和发展的动力，小微企业的经营管理者应该对技术创新加以重视，让企业一直充满活力。

8.3.2 技术创新要重视市场和顾客的需求

小微企业资金有限，在进行技术创新时无法像大企业那样全方位布局，小微企业的科研型团队在进行技术创新时要重视市场和顾客的需求，并以此为出发点进行创新，这样创新出的产品本身就有一定的市场，如果设计得好，就能给企业带来可观的利润。

D 企业是一家生产洗衣机的企业，该企业在进行市场调研时发现了以下一些问题：一些客户的房子户型小，传统的洗衣机占地面积大无法满足客户需求；一些客户家里有婴儿，婴儿皮肤娇嫩，抵抗力弱，婴儿的贴身衣物如果与大人的衣服混洗容易传播病菌，因此需要一台专门清洗婴儿衣物的洗衣机。D 企业注意到这些顾客的需求，研发出一款不同于传统洗衣机的新型壁挂式洗衣机，该款洗衣机体积小，可以挂在墙上，节省地面空间，并在洗涤功能中增添了童装煮洗的功能。由于该款洗衣机满足了一些顾客的特殊需求，而且价格低于传统洗衣机，因此一经上市就得到了广泛关注，而 D 企业也凭借着这款产品获得了可观的利润。

一次失败对于小微企业可能就是致命的打击，因此小微企业在进行技术创新时不要凭空臆想，要多关注市场和客户的需求，以客户的需求为出发点进行技术创新，这样，创新出的产品自然就能够受到顾客的欢迎。

8.3.3　如何提高团队技术创新能力

企业的技术创新能力虽然与职工个人能力息息相关，但也不能忽视管理者的力量。管理者通过恰当的方法可以调动职工的积极性，提升团队全员的创新能力。

经营管理者在平时工作中要不断总结过去的创新经验，通过不断积累小的创意，慢慢地团队就能发生质的飞跃，实现大的技术突破。

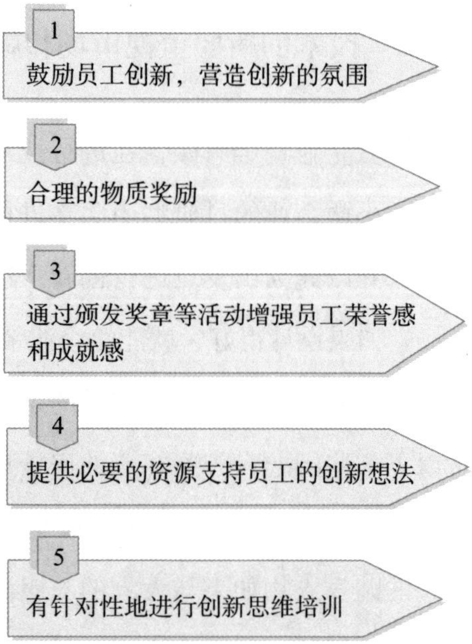

提高团队创新能力的方法

8.4 技术保密管理

商业秘密是指没有公开的并具有商业价值的技术信息、经营信息等商业信息。商业秘密通常具有以下四个特性。

秘密性	商业秘密处于秘密状态，不能从公共渠道获取
实用性	商业秘密具有现实或潜在的实用价值
保密性	权利人为商业秘密采取保密措施，如签订保密协议等
价值性	商业秘密蕴含着经济价值和市场竞争价值

商业秘密的特征

小微企业科研团队的技术信息可以为企业带来经济利益，是企业的核心技术，也涉及企业的商业秘密。为了保护企业的商业秘密不被泄露，避免企业的损失，针对核心成员如高级研发技术人员、高级管理人员等，企业必须与其签订保密协议。

保密协议虽然可以保护企业的利益，但是无形中增加了员工的负担，一些保密协议还设置了脱密期，这更限制了员工择业的自由，这使得签订保密协议本身会成为求职者认真考虑和衡量是否入职该企业的因素。因此，保密协议的签订要有针对性，针对一些非核心的岗位可以不签订保密协议。

目前，劳动法对保密协议没有明确的规定，企业与员工在履行保密协议时容易产生纠纷，因此小微企业经营管理者在与员工签订保密协议时需注意以下几个问题。

第一，以公平、平等为基本原则。

企业在签订保密协议时，应兼顾双方的权益，以公平、平等为基本原则，既要保护企业的利益不被侵害，又不能损害员工的权利，只有这样保密协议才受劳动法保护。

第二，明确保密范围。

保密范围是保密协议的重点内容，保密协议中必须明确保密的对象、范围、内容和期限等，同时还需明确职工的义务和责任。企业在不同时期保密内容可能会发生变化，当发生变化时，企业需要重新修改保密协议的内容。

需要注意的是，当成果是由个人创造出来，既属于企业的资产又属于个人劳动成果时，需提前明确该成果属于个人的著作权还是企业的商业秘密，是否在保密范围内，如个人作曲、广告公司员工的创意作品等。

第三，明确保密期限。

商业秘密通常具有时效性，因此在保密协议中应约定好保密义务的期限。

第四，明确保密主体和保密义务。

保密主体通常为涉密的员工。对于涉密岗位，要求员工不得做出以下侵犯公司商业秘密的行为。

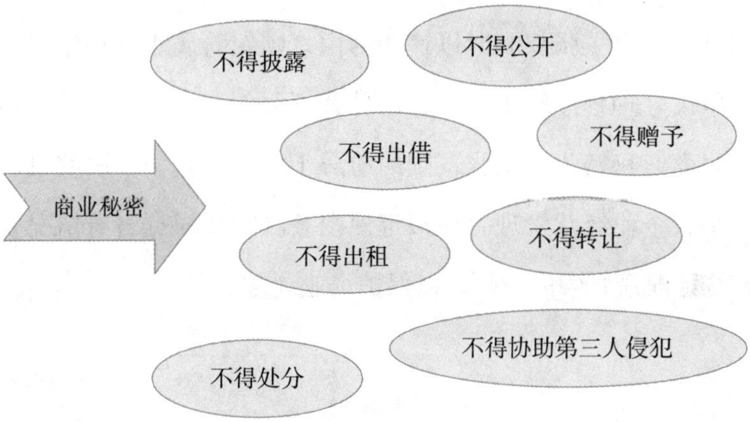

涉密主体需履行的义务

第五，明确违约情形以及法律责任。

保密协议中须明确违约情形以及产生违约时双方应负的法律责任。违约责任可约定一定数额或比例的违约金，如果违约金不足以弥补实际损失，可按实际损失索赔。违约金的数额一般不超过商业秘密的许可使用价格。

第六，谨慎签订竞业协议。

一些企业通过签订竞业协议来保护商业秘密。竞业协议一般禁止员工在本企业工作的同时兼职于与本企业有竞争关系的单位，或禁止员工在离职后一段时间内入职与本企业有竞争关系的单位，如果是后者，作为补偿，企业需向员工支付一定的经济损失，如果职工违反了竞业协议条款，也需向企业支付违约金，违约金一般不超过补偿金的两倍。企业在制定竞业协议时，需明确竞业限制的时期、义务、经济补偿标准和支付时间，以及协议解除的条件等。

第七，注意纠纷管辖机构。

如果当事人主张权利时以违约为由，则纠纷属于劳动争议，需通过劳动争议处理程序解决，对劳动仲裁不服的，才可到法院起诉。如果以侵犯商业秘密为由主张，则纠纷属于不正当竞争，法院可以直接受理。小微企业经营管理者在拟定保密条款时要根据自身情况妥善处理，在签订前最好咨询律师，以保护企业利益。

第 9 章

小微企业团队的综合管理

在市场中，大部分小微企业都不得不直面自身实力薄弱、发展缓慢的问题。

面对日益激烈的市场竞争，小微企业要想突破生存困境，就要科学完善企业内部的人力资源管理机制、行政管理机制、财务管理机制、后勤管理机制、公共关系与危机管理机制及安全管理机制，并加强小微企业团队的综合管理，以迎接不期而遇的挑战。

9.1 人力资源管理

9.1.1 人力资源管理的六大模块

现代企业的人力资源管理体系由以下六大模块构成，而这六大模块间联系紧密，相辅相成。

◆ 人力资源规划

所谓规划，指的是确定目标、厘清优劣条件、制订方针和罗列计划的过程。而企业的人力资源规划指的是企业为拥有高质量的、稳定的、一定规模的人力资源储备，以实现企业长期目标和阶段性目标而拟订的一整套措施。

小微企业人力资源规划的核心在于平衡内部人力资源的需求与供

应，建立优秀的、满足企业发展需求的人才队伍。

◆ 人才招聘与人员配置

人才招聘指的是将技能出众、各方面素质突出的优秀人才吸纳进企业的人才梯队。人员配置是根据岗位要求，将合适的人安放在合适的岗位上，并进行相应的培训、指导，使得人尽其才、才尽其用。

小微企业要格外重视人才招聘工作，并不断改进员工招聘与配置工作中存在的诸多问题，以利顺利迈入发展的新阶段。

◆ 员工的培训与潜能开发

员工的培训与潜能开发指的是企业通过组织技能培训会等方式教授员工相关理论知识和操作重点、传授相关工作经验，以提高其工作能力、挖掘其潜能的过程。

每个人的潜力都是巨大的，为了使人力资本升值，小微企业应向员工提供各种职业培训，鼓励员工进行自我潜能开发。

◆ 绩效考核管理

企业的绩效考核管理指的是依据一套科学完整的制度性规范、标准对员工阶段性工作进行考核和评价，包括员工的工作成果、工作态度、工作过程中所展现的能力与潜力等，考核要注重公正公平。

小微企业应“量身定制”自家的绩效考核管理机制，如此才能激发团队士气，提高团队协同作战能力。

◆ 薪酬福利管理

薪酬福利指的是企业依据员工体力与脑力劳动所支付的各种酬劳的总和，包括货币及其他奖励措施。薪酬福利管理的主要内容包括岗位薪酬调查、制定内部薪酬策略、薪酬分级和定薪等。

薪酬福利管理对小微企业的竞争优势、发展战略产生了深远的影响，小微企业经营管理者要提高对薪酬管理的重视程度。

◆ 劳动关系管理

劳动关系指的是大小企业、个体工商户等用人单位与劳动者在一定的市场环境下所建立的雇佣关系。小微企业要以《中华民族共和国劳动法》为准绳，积极创建和谐、正向的劳动关系。

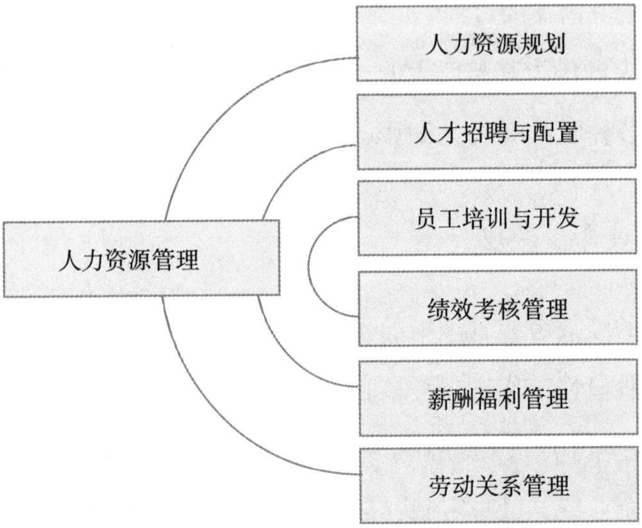

人力资源管理六大模块

综上所述，人力资源规划为企业中长期的人力资源发展奠定了基础；而人才招聘与配置、员工培训与开发则为企业最大限度地发挥人力资源的作用提供了保障；绩效考核管理和薪酬福利管理能有效调动人才的积极性，激发人才的工作热情；最后，劳动关系管理贯穿始终，有效保障了企业与人才双方面的正当权益。

9.1.2 小微企业的人力资源管理

大部分小微企业在人力资源管理方面都存在着不少弊端，唯有正视现阶段的不足之处，努力创建起科学合理的人力资源管理模式，才能激发小微企业本身的活力和发展潜力。

◆ 小微企业人力资源管理存在的问题

小微企业在人力资源管理中普遍存在以下问题。

第一，观念陈旧，盲目追求低成本管理。

企业人力成本在总成本中比例较重，于是，在市场经济下行的情况下，一些小微企业的经营管理者不计手段地去降低人力成本，最终结果却是得不偿失。

一家创业公司几年来一直在招聘员工，公司内 80% 的岗位人员流动性都很大。对此，公司老板却不以为意，反而叮嘱 HR，要“花更少的钱去办更多的事”。原来，该公司并非招不到合适的员工，相反，曾有不少优秀人才加盟过此公司，但一过了试用期就会被公司以各种理由开除。这种荒谬的降低成本的方式，使得该公司的人力资源始终处于匮乏状态，以至于频频错失良机，公司的发展反而因此受阻。

在企业经营和管理过程中，哪怕要节约人力资源成本也要通过科学合理的方式，而不能罔顾《中华人民共和国劳动法》，通过裁员等方式盲目降低成本，这样做只会影响企业的信誉。另外，所谓钱要花到刀刃上，想要获得一支强大的、高素质的团队，就一定要舍得在人才资源上投资。

第二，缺乏科学的人力资源规划。

当前，有很多小微企业一开始就对人力资源的规划缺乏重视，等到急需用人时才临时出具人才招揽方案和相关预算方案，而仓促招揽到的员工一时之间很难适应岗位需求，这就使得公司业务陷入时不时停滞的窘境。

其实，在小微企业成立之初，作为企业经营管理者，应根据企业性质、人员构成、战略目标等出具相应的人力资源规划，并随着企业发展，不时调整与更新内容。其关键因素包括人力资源总目标、实施步骤、人力资源配置的总要求、员工晋升规划和职业发展规划、人力成本预算等。需要注意的是，企业人力资规划必须与企业战略目标协调一致。

第三，人力资源部门的职能定位模糊。

“用不专业的人去负责专业的事”（如任人唯亲），这是很多小微企业经营管理者会做出的错误决定。

虽然小微企业被资金、人员等条件限制，无法拥有一套完整的、规模较大的人力资源管理系统，但只要这一部门的人员配置科学合理，管理理念与手段先进，就能够帮助企业做好人才梯队建设。然而，目前很多小微企业人力资源部门的职能定位不够清晰，很多时候甚至会让行政部门的人员或后勤部门的人员去兼任人力资源管理工作，用非专业的人去做专业的事，这也导致后续的绩效评价体系、薪酬管理体系等迟迟无法创建成功，人才也一再流失。

◆ 小微企业人力资源管理如何破局

小微企业发展受阻、人才匮乏，如何破局？创建科学完善的人力资源管理机制、培养内生力量，是小微企业实现华丽转身的关键。具体可借鉴以下措施有针对性地解决人力资源管理方面的难题。

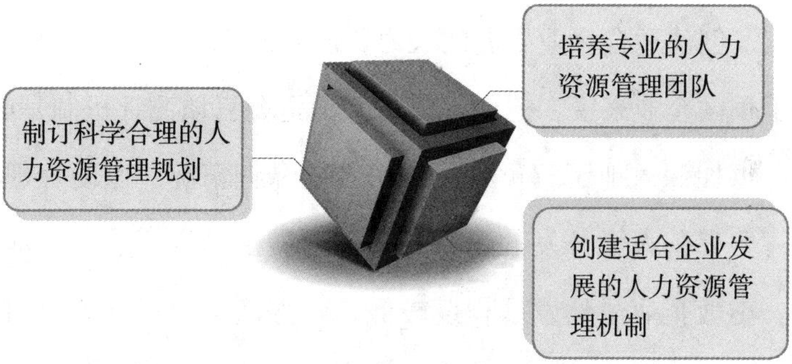

破解小微企业人力资源管理瓶颈的对策

第一，厘清企业职位及职责界限，制订符合企业发展现状的人力资源管理规划。

在厘清企业职位与职责前，管理者应对自己的企业中的各职位设置与岗位要求了然于心，这就需要管理者加强企业职位分析，包括企业岗位类别、员工数量、任职要求、工作规范等，并根据职位分析来确定企业现阶段应设置的职位数量，厘清职责界限，检验在岗员工与岗位的匹配度。

此外，小微企业经营管理者应重视制订小微企业的人力资源规划，内容包括人力资源供需平衡的总计划和各项工作任务分配细则等。平时，相关人员也要及时追踪各项任务的执行情况，以便对人力资源规划的内容进行调整与更正，使其更加科学规范。

第二，转换观念，培养专业的人力资源管理团队。

小微企业的管理经营者要积极转换思想，树立与时俱进的人才观，将人力资源管理上升到企业战略的高度。同时，小微企业要建立专门的人力资源管理部门，花费更多时间和精力去培养一支专业的人力资源管理团队。

第三，创建适合企业发展的人力资源管理机制。

对于小微企业来说，建立完善的人力资源素质测评机制是必要的，这是为了更加深入地了解员工的知识技能掌握情况，以便合理配置人力资源；要完善人力开发的运行机制，为员工提供职业发展辅导和职业培训。小微企业虽然发展程度较低，各方面实力远远无法与大中型企业相比，但也不能忽视企业内部人力资源管理机制的创建，只有用心做好这些工作，厚积薄发，才能迎来蜕变。

9.2 行政管理

企业行政管理指的是在企业内部建立一套分级管理架构，由专门的行政部门或个人负责处理日常行政、办公或其他事务，比如，进行会议组织、文书资料管理、办公环境管理、出差事务和对外事务管理等。为了确保企业正常的运营与长远的发展，小微企业应加强行政管理，并对自身存在的缺陷、问题予以弥补与纠正。

9.2.1 企业行政部门职能及组织架构

◆ 企业行政部门的职能

企业行政部门主要负责的工作包括办公事务管理、行政接待工作、日常会议管理、公共关系管理、安全保卫管理、总务后勤管理等。因后三条下文有详细阐述，故在此不作赘述。这里重点分析前三条。

办公事务管理——主要包括拟订部门工作方案、确定工作目标。编写公司办公事务方面的管理制度，通过上级领导审批后再去组织实施并做好监督工作，严格检查相关制度的落实情况；管理企业印章、公文、档案及其他资料，根据需要去拟订公文；处理办公用具和设备的清洁、维修、采购、更换等事务。

行政接待工作——主要包括预订机票、酒店；外来宾客的登记、接待和引见；接收、转发电话或邮件；打印、复印、下发企业相关文件或临时通知；前台快递收发等。

日常会议管理——主要包括会议场所的考察与选定、设备的调试、文件资料的打印与派发、与参会人员的沟通等会议前的准备工作；如实记录会议流程和重点发言、处理会议过程中的其他相关事务；以及会议结束后整理会议记录、收回相关文件资料、复印并向各部门分发重点资料等相关事务的处理。

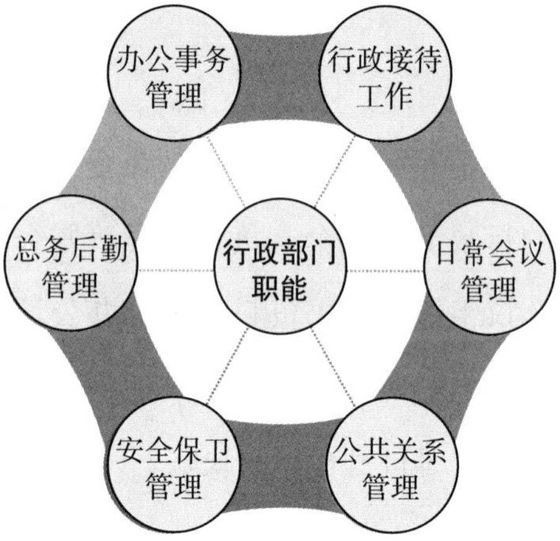

企业行政部门的主要职能

◆ 企业行政部门的组织架构

企业行政组织的创建是为了更好地进行企业行政管理工作，具备辅助性、保障性和服务性。一般而言，因为企业的规模、发展程度不同，其行政组织架构也会有所差别。

例如，规模较大、发展程度较高的企业一般会设置较为复杂的行政机构去处理不同的行政管理事务。而小微企业因为规模小、人员少，其行政组织架构一般会简化很多，可能整个部门只配备了一两名专职工作人员。

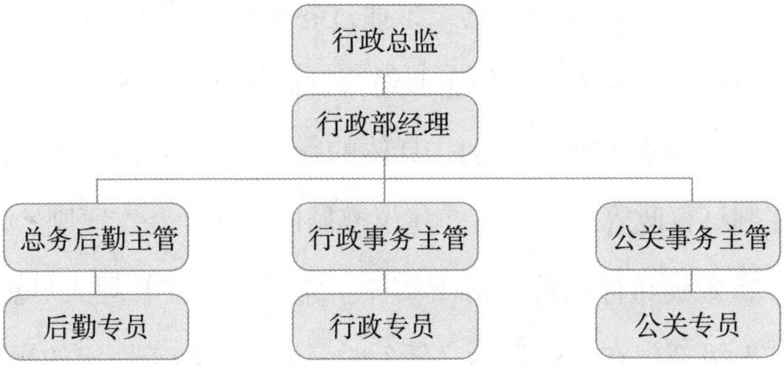

中、大型企业的行政组织架构图[①]

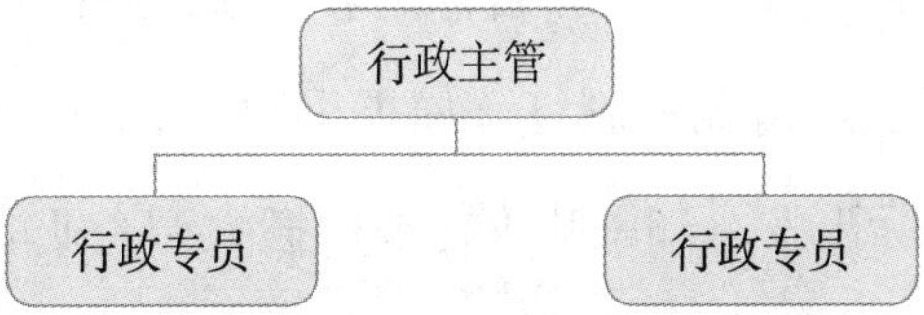

小微企业的行政组织架构图

9.2.2 小微企业的行政管理

◆ 小微企业行政管理的目标

企业行政管理的目标一定是在企业经营管理目标的基础上制订的。一般而言，小微企业的行政部门通常以企业的经营管理者为最高领导，由行政主管带领行政部门的员工去落实相关行政事务。

① 肖文键．一本书读懂行政管理 [M]. 天津：天津科学技术出版社，2017：20.

在社会分工越发精细的今天，小微企业行政管理的目标大多表现在以下几方面：其一，能协调企业内部各部门之间的关系，令各部门联系紧密，成为一个有序整体，确保设计、生产、销售等各项业务都能顺利展开，并衔接顺畅；其二，通过各种行政管理手段去为员工营造和谐统一的工作环境，确保企业经营目标的顺利实现。

当然，不同企业千差万别，具体的行政管理目标也有所差别。小微企业在制订行政管理目标时，建议遵循以下两个基本原则。

第一，做到目标明确，清晰具体。为了使行政管理人员更好地实施操作，上级部门在下达目标、任务时，同时要给予一定的操作规范、考核标准等，让行政管理人员明白任务的核心是什么、需要做到什么程度、具体的完成时间等，只有目标足够清晰，操作起来才不会走样。

第二，根据实际情况去制订。如果小微企业的行政管理部门在制订目标时不从实际出发，却一味模仿或照搬大型企业的行政管理目标，结果只会让这个目标变成一句空谈，因为它不具备可操作性。小微企业的行政管理的目标一定要贴合企业发展现状，要“接地气”。

不易察觉的小微企业行政管理弊端

小微企业规模小、管理者的管理经验少，在行政管理中有很多“隐藏弊端”不易被察觉，这里总结如下：

- “家族作坊”或“亲戚连锁”等老旧的经营模式使得企业人情大于管理，账目不清。为了改变这种现状，管理经营者需要主动吸纳和培养专业行政人才，引入现代化行政管理理念和工具。

- 企业内部流行“一言堂”，行政管理的规章制度成了摆设。小微企业经营管理者需要积极改变观念，尤其是在做决策、下达行政任务的时候，要用群策群力来代替依靠个人意志做决定。
- 员工对行政管理抵触情绪大。有很多小微企业雇用的部分员工学历较低、思维固化，有必要加强员工对现代行政管理制度的认识，鼓励员工积极配合行政管理工作。

◆ 小微企业行政管理如何破局

小微企业的痛点在于规模较小、成长较慢、实力偏弱等，受限于此，企业行政管理在小微企业中的应用程度和效果也不太理想。小微企业的经营管理者可参考以下措施去改善。

第一，创建完善、层层递进的行政管理体系。

对于一些大型企业而言，因其内部行政组织架构过于冗余，唯有精简机构，才能保证效率。而小微企业则正相反，大多数小微企业都未建立起完善的行政管理体系，而其所发挥的行政职能一般也只涉及日常行政事务，比如文档管理、来客接待等。随着小微企业的发展，必须建立起层层递进的行政管理体系，只有将监督、内部控制等职能都涵盖到位，才能为企业的经营提供切实的保障，确保各部门间协作紧密，每一环节都有规可依。

第二，加强企业经营管理者和行政部门员工对行政管理的认知，构建科学的行政管理流程。

小微企业的经营管理者认知的高低决定了行政管理在企业内部应用的有效性，唯有加强对行政管理的科学认知和重视程度，才能为企业行政管理制度的落实保驾护航。同时，行政部门的员工也要积极提高专业素质，为企业发展壮大添砖加火。另外，企业日常行政管理工作都要严格按照事先规划好的流程去进行。

知识链接

行政管理人员需要具备的素养

● 充足的知识储备，完善的知识结构。行政管理人员需要与企业各部门人员打交道，唯有在平日的工作中积累各方面的知识，建立起完善的知识结构，才能游刃有余地处理各项事务。具体包括最新行业知识，行政专业知识，经济学、法学等其他相关知识。

● 不俗的专业能力。行政管理人员需要具备的专业技能包括公文函及通告的撰写能力、人际交往能力、语言表达能力、协调能力、逻辑分析能力等，另外还要熟练使用各种办公软件。

● 良好的职业道德。一般情况下，企业的行政管理工作都很烦琐，行政管理人员必须具备良好的职业道德，将重复性的工作做好、做到位。行政管理人员需要具备的职业道德包括：尽忠职守、坚守信用等。

9.3　财务管理

9.3.1　小微企业财务管理的必要性

在企业管理体系中，财务管理占据着十分重要的地位，而对于时刻面临着生存难题的小微企业来说，加强各项资金的利用率，减少财务风险的意义则更重要，具体体现在以下几个方面。

◆ 保障资金安全

一些小型民营企业、创业公司经营不规范，尚未创建科学完整的财务管理制度，这也造成了资金安全方面的风险与隐患。若能有效加强小微企业财务管理，便可大大降低各种财务风险爆发的可能性，从而保障资金安全，保证小微企业稳步发展、持续壮大。

◆ 提高企业综合效益

小微企业的业务通常有着较强的灵活性，而在企业财务制度不完善、财务人员不专业的情况下，各项业务背后投入支出的资金很可能存在诸多问题，甚至存在资金浪费的情况。在小微企业加强财务管理工作的过程中，资金周转时间长、收支不平衡等各项问题都将迎刃而解，有限的资金也能发挥出最大效能。一旦资金的利用率提高，资金浪费的现象将有所减少，企业的综合效益也会随之提升。

9.3.2 解决小微企业财务管理问题的对策

李琦是一家民营公司的老板，自创业到现在，他一直对企业财务管理缺乏足够的认知和重视。为了节约开支，公司总是聘请兼职会计去处理每月的开票、报税工作。找不着合适的兼职会计的时候，李琦要么到处托熟人介绍靠谱的代理记账公司去帮助处理自家公司的账务，要么自己身兼多职，去负责记账、报税、物资采买方面的工作。由于缺少有效的监督和控制，公司的财务管理越来越混乱。

小微企业的财务制度大都不是很完善，其内部控制能力较弱，如果经营管理者不注意加强自身的财务管理认知，做出一系列改善措施，就很容易像上例中的民营企业一样，引爆自身的财务危机。那么，小微企业应该如何解决日常经营中的财务难题呢？具体可参考以下措施。

第一，规范财务制度，加强资金管理。

小微企业经营管理者在对企业内的资金进行分配的时候一定要从企业自身情况出发，秉持着科学合理的原则，做到流动资金和固定资金都占据着合理的比例。

对于小微企业而言，还要重视加强存货和应收账款的管理。一方面，加强存货管理可避免因库存货物的过度积压而造成资金周转不畅等一系列问题。另一方面，加强应收账款管理可避免坏账、烂账的产生，及时回笼资金，具体做法是对合作企业逐一进行信用等级的评价工作，针对信用高的企业设置合理的账期，并落实责任人，针对信用低的企业尽量避免设置账期，采取款到发货的合作方式。

第二，提升财务人员的专业素质，建立完善的内部控制体系。

为了规范企业财务管理、避免企业出现财务问题，小微企业经营管理者应“舍得花钱”聘请专门的财务人员去进行会计核算、成本控制、税务筹划等财务方面的工作，另外，也要定期对财务人员进行专业知识和技能的培训，帮助他们提高业务水平。

此外，企业内部要建立科学完善的内部控制体系，规范、监督财务管理的流程，对企业招标、采购、预算、支出等各个流程都要层层把关，保障其通畅透明。

第三，引入先进的信息化财务管理理念和系统。

很多小微企业的资产负债率过高、财务信息不够透明，使得银行等金融机构对其信用评价较低，这也导致了小微企业贷款困难、融资困难，而一旦引入信息化财务管理系统，就能提高财务管理的效率。可以通过提高财务信息的透明度，并可通过网络与银行及其他企业建立友好的关系[①]，以此获得银行的资金支持。

① 赵甜羽. 小微企业财务管理问题及对策研究 [J]. 现代商贸工业，2014（10）：127.

9.4 后勤管理

9.4.1 加强小微企业后勤团队管理

一直以来，小微企业的后勤管理团队都扮演着企业“大管家”的角色，主要肩负着以下几种职能：其一，服务职能，在企业生产、销售、售后服务的过程中，需要后勤管理人员合理调配资源，做好供应、储存与运输等服务性工作。其二，保障职能，后勤管理能够满足企业员工的工作、生活等方面的需求，为员工营造和谐、安全的办公环境。

然而，现实中很多小微企业的后勤人员整体素质偏低，服务意识较差，小微企业有必要开展有针对性的培训工作，以培养后勤部门的团队意识、服务意识、流程意识等。

具体来说，可从以下几点入手，精心打造符合小微企业自身特点的、高效率的后勤服务团队。

第一，建立健全后勤部门的岗位责任制，细化后勤员工的工作标准，强调服务标准化、流程化，使得后勤团队的员工能清晰地认识自己的岗位职能与职责，并能根据考核细则去完善自己的工作内容。

第二，加大后勤服务技能的培训力度，采用现场考核等方式提高后勤人员的专业能力及综合素质。

第三，加强工作总结。后勤部门可定期开展复盘会议，针对前段时间的工作进行总结与反思，这有利于后勤员工及时发现工作中的不足之处，进而加强自我管理、提升自我意识。

9.4.2 小微企业后勤管理精细化划分

小微企业的后勤管理与企业的发展联系紧密。当前，很多小微企业的各种后勤工作之间的界限很模糊，有些工作被其他部门兼顾式承担，导致后勤管理部门的工作效率不尽如人意。

作为小微企业的经营管理者，只有做好后勤管理的精细化划分，有针对性地处理各项后勤工作，才能有效保障员工利益，同时为企业发展提供强大的后勤动力。

行政后勤：负责小微企业内部行政事务管理工作，如办公室日常文档管理、办公环境维护等。

生产后勤：负责小微企业产品原材料、生产设备相关情况的调研与采购等工作。

销售后勤：主要是为小微企业市场营销、产品销售提供配套支持，比如整理与统计客户反馈等。

生活后勤：主要是为了保障员工生活上的各项要求，比如为员工办理租房补贴、伙食补贴等事宜。

小微企业后勤管理精细化划分

9.5 公共关系与危机管理

9.5.1 建立良好的公共关系

一些小微企业的经营管理者认为公共关系指的就是写写新闻稿或者拉关系、请客送礼等，这无疑是错误的理解。当下，公共关系的概念变得越发复杂多变，包括企业与公众的联系、沟通等多方面的含义。那么，人员少、预算低的小微企业应如何去构建良好的公共关系呢？

第一，在企业内部建立公共管理系统。小微企业在发展壮大的过程中要有意识地去创建属于自己的公共管理系统，帮助企业进行品牌宣传等工作。这一系统越科学、越完善，在企业发展的关键节点或危机到来时就越能发挥出令人意想不到的作用。

第二，利用社交网络作为推广媒介。很多小微企业缺乏媒体资源和渠道去创建良好的公共关系、扩大公司的影响力。而在社交网络如此发达的今天，企业一方面可以办好自己的宣传媒体，如企业网站、博客、微信公众号等，另一方面，可在流量大、受众集中的平台上宣传自己，比如抖音、小红书等。这些渠道花费的成本低，利用好了收益却很大，甚至还能为企业吸引一批忠实的消费者，以利增强销售的黏性。

第三，输出优质内容。所有的初创企业都想给消费者留下深刻的印象，与大众创建良好的公共关系，但无论是选择传统媒体还是社交网络进行宣传，能够在营销、宣传中脱颖而出的无不是那些专注于输出优质内容的企业。小微企业在进行产品宣传的时候可借鉴这样的思路。

9.5.2 小微企业公共关系危机管理

任何企业的发展都不可能一帆风顺，由于市场环境变幻多端，倘若一着不慎便可能引发各种危机。尤其是在面对公共关系危机的时候，如果企业应对不当，便会深陷泥沼。但若企业能科学迅速地应对各种公共关系危机，便能化危机为机遇，使得企业发展逆风翻盘。

◆ 小微企业在危机管理中存在的问题

第一，缺乏危机意识。很多小微企业经营管理者都存在着“小富即安”的观念，危机意识较为淡薄。企业在经营运作中并没有及时创建科学系统的危机处理机制，只有等到危机降临的时候才开始手忙脚乱。

第二，小微企业内部管理比较分散，也很少设置专门的危机管理部门，等到危机爆发的时候很难第一时间去冷静、理智地应对。因为不能及时与社会公众正确表态、进行良好沟通，很容易使危机扩大。

第三，等到危机好不容易平息后，小微企业的经营管理者很容易抱有侥幸心理，认为这样的事情后续不会再出现，于是就忽略了对此次事件的反思与总结，使得企业在下次危机爆发时仍旧是一筹莫展、束手无策。

◆ 公共关系危机处理“五部曲”

当小微企业出现负面新闻时，企业的经营管理者首先要平复心态，梳理事情发展的脉络，并冷静进行分析，判断其属于一般危机还是重大危机。如果确认是重大危机后，则要第一时间做出诚恳的回应，缩小负面影响力，同时，还要制订危机处理方案，确定第一负责人，进行危机公关，比如向用户道歉、弥补用户经济损失等。等事态平息后，要进行危机公关复盘工作，具体包括对此次危机管理中的问题进行分类，防止此次事件再次发生，对危机的预防、处理过程中的相关注意事项进行总结等。

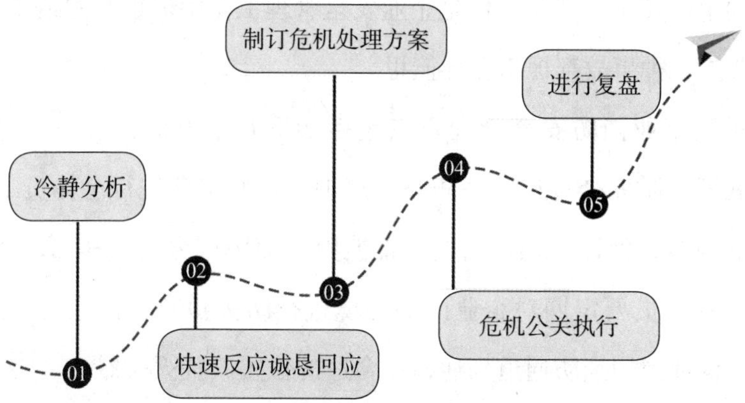

公共关系危机处理“五部曲”

9.6 安全管理

9.6.1 小微企业消防安全管理

小微企业的消防安全管理做得不到位，将危及企业的财产安全和员工的生命安全。消防工作是企业安全管理工作中最重要的组成部分，一定要将各种事故都扼杀在摇篮里。

小微企业消防安全管理要点包括如下几个方面：其一，在企业内部展开消防安全宣传和消防知识培训，最好定期进行全体员工应急疏散的预演，保证公司每名员工都能熟练使用灭火器。其二，企业安全部门的人员要定期对企业内部环境进行防火检查，排除火灾隐患。其三，保证公司消防通道畅通，在合适的位置放置灭火器。

9.6.2 小微企业网络安全管理

在信息化时代，很多小微企业的业务、宣传、营销等都离不开高度发达的互联网，而网络化办公也变得越来越普遍，这种情况下，企业一旦遭遇网络安全问题，就会变得寸步难行，甚至造成巨大损失。小微企业常见的网络安全问题主要表现在以下几个方面。

其一，员工访问权限过大，造成公司核心信息泄露、信誉受损等一系列问题。美国《纽约邮报》曾报道，在2014年～2015年，Facebook的多位员工利用自身的数据访问权限去获取感兴趣的用户的数据信息，包括查看心仪女性用户的私人消息、照片等，此新闻一出便掀起轩然大波，因权限设置不当，员工的个人不良行为对Facebook的公信力造成极大冲击。

对于小微企业而言，给予员工过多的访问权限，也可能伤害公司的信息安全。为了避免这类事件发生，可根据员工的工作内容进行相应的权限限制，或者与员工签订保密协议，约束员工的行为。

其二，缺乏专业的网络安全设备和专职网络安全管理人员，使得公司网络在遭遇病毒入侵和系统漏洞的时候无法第一时间进行修补，引发信息泄露、文件丢失等问题。解决方法是设置防火墙等安全设备，招聘专业技术人员进行日常的网络维护，以保证系统安全。

9.6.3 小微企业突发事件处理

除了日常安全管理工作外，小微企业还要做好突发事件的安全管理。虽然这一件事件发生的概率较低，但通常都附带着强大的破坏力。常见的突发事件包括生产安全事故、内部矛盾引发的群体纠纷、公共卫生事件以及地震、雷电、洪水等各种自然灾害等。

为了有效应对突发事件，小微企业在平时就应该做好预防工作，并积极创建安全管理机构。在处理突发事件的过程中，企业行政部门要及时启动相应的应急预案，最大程度地弥补损失，同时做好善后工作。

参考文献 REFERENCE

[1] 芭芭拉·米切尔，科妮莉亚·甘伦著，胡晓红，张翔译 . 管理是个技术活：管理者必读的高效管理指南 [M]. 北京：北京联合出版公司，2019.

[2] 蔡建飞 . 生产运作管理 [M]. 北京：北京大学出版社，2017.

[3] 程淑华 . 小微企业文化建设研究 [M]. 杭州：浙江大学出版社，2021.

[4] 亨利·明茨伯格（Henry Mintzberg）著，冯云霞，范锐译 . 管理至简 [M]. 北京：机械工业出版社，2019.

[5] 小约瑟夫·巴达拉克（Joseph L · Badaracco）著，薛香玲译 . 学会反思：通过反思提升洞察力、创造力和领导力 [M]. 北京：机械工业出版社，2022.

[6] 李宇，高良谋 . 技术创新管理 [M]. 北京：清华大学出版社，2016.

[7] 刘艳华 . 沟通心理学 [M]. 天津：天津出版传媒集团，2017.

[8] 樊登 . 可复制的领导力：樊登的 9 堂商业课 [M]. 北京：中信出版社，2018.

[9] 蒿淼 . 团队管理：如何带出高效团队 [M]. 北京：化学工业出版社，2021.

[10] 李默成 . 这样激励员工，才能带好团队 [M]. 北京：台海出版社，2019.

[11] 迈克·布伦特，菲奥娜·艾尔莎·丹特著，徐少保，王琳译 . 团队赋能：大师的 18 堂团队管理课 [M]. 北京：北京联合出版公司，2019.

[12] 乔纳森·莱蒙德著，何正云译 . 高效管理 [M]. 北京：北京联合出版公司，2018.

[13] 饶美霞 . 小团队管理手册 [M]. 长春：吉林文史出版社，2019.
[14] 任康磊 . 小团队管理的 7 个方法：全图解落地版 [M]. 北京：人民邮电出版社，2019.
[15] 孙显嶽 . 60 分钟掌握人力资源六大模块 [M]. 北京：生活 · 读书 · 新知三联书店，2012.
[16] 汪和平，刘新跃，张洪亮 . 技术创新管理：新时代中国企业技术引进良性发展之路 [M]. 北京：机械工业出版社，2018.
[17] 吴建国 . 华为团队工作法：每个人都用得上的团队工作法 [M]. 北京：中信出版社，2019.
[18] 王松 . 企业技术创新的关键因素、影响机制与区域环境研究 [M]. 上海：上海交通大学出版社，2021.
[19] 王建民 . 生产运作管理 [M]. 北京：北京大学出版社，2007.
[20] 肖文键 . 一本书读懂行政管理 [M]. 天津：天津科学技术出版社，2017.
[21] 薛斌鹏 . 品牌营销：新流量时代品牌打造与运营方法论 [M]. 北京：电子工业出版社，2020.
[22] 阳飞扬 . 从零开始学创业大全集 [M]. 北京：中国华侨出版社，2011.
[23] 杨莎莎 . 销售团队管理常见问题清单 [M]. 北京：地震出版社，2021.
[24] 赵丽生 . 小微企业管理指南 [M]. 大连：大连出版社，2013.
[25] 张友林 . 生产过程控制：计划排期 · 流程控制 · 安全管理 [M]. 北京：化学工业出版社，2018.
[26] 杜琦 . 基于生命周期理论的小微企业人力资源管理问题与对策 [J]. 商业观察，2020（25）：39-40.
[27] 何璐 . 小微企业行政管理的应用与探索 [J]. 产业与科技论坛，2016（12）：242.
[28] 胡述芬，孙芮琴，刘彩凤，闵旋 . 浅析小微企业团队建设 [J]. 商情 . 2017（27）：94.
[29] 惠洪 . 积极探索企业后勤管理工作新模式 [J]. 东方企业文化，2014（3）：226.
[30] 李建民 . 新形势下企业后勤管理改革思路分析 [J]. 群文天地，2012（9）：257.
[31] 李庆燕 . 企业后勤管理精细化转型浅析 [J]. 财经界 · 学术版，2016（3）：68.

[32] 刘淼 . 浅析目标管理在建设高效团队中的应用 [J]. 中国房地产业，2012（10）：60-64.

[33] 罗清萍 . 新常态下中小企业公共关系应有的战略地位 [J]. 商业经济，2015（2）：102-103.

[34] 赵甜羽 . 小微企业财务管理问题及对策研究 [J]. 现代商贸工业，2014（10）：127.

[35] 周莉 . 企业社会责任前移视角下小微企业人力资源管理对策 [J]. 求知导刊，2019（1）：148.

[36] “赏不可不平，罚不可不均”：用好奖惩制度，让你拥有一个好团队 [EB/OL]. https://baijiahao.baidu.com/s?id=1715040147108264362&wfr=spider&for=pc，2021-10-30.

[37] 摆正用人的心态 [EB/OL]. https://wenku.baidu.com/view/593ca030ee06eff9aff80704.html，2022-05-09.

[38] 冰山模型在人才管理中的应用价值（附案例）[EB/OL]. https://baijiahao.baidu.com/s?id=1725824578463277160&wfr=spider&for=pc，2022-02-26.

[39] 创业公司团队管理规章制度 [EB/OL]. https://www.wenshubang.com/zhidu/551252.html，2020-10-10.

[40] 定岗、定责、定编、定额、定员、定薪，你真的都会吗？[EB/OL]. https://baijiahao.baidu.com/s?id=1725965199366804661&wfr=spider&for=pc，2022-02-28.

[41] 管理者必须坚守的底线 [EB/OL]. https://www.sohu.com/a/234989786_488209，2018-06-10.

[42] 后勤管理的作用是什么 [EB/OL]. https://m.5haogou.com/detail/123383.html，2022-03-14.

[43] 科研团队概念及其特点 [EB/OL]. https://max.book118.com/html/2016/0623/46368268.shtm，2017-06-07.

[44] 领导干部要严于律己，宽以待人 [EB/OL]. https://www.docin.com/p-715990933.html，2013-10-25.

[45] 领导谋略：领导者应该如何控制自己的情绪，喜怒不形于色并不高明 [EB/OL].https://baijiahao.baidu.com/s?id=1628672471388406083&wfr=spider&for=pc，2019-03-22.

[46] 领导者的情绪管理技巧 [EB/OL]. https://www.jy135.com/guanli/144162.html，2022-04-21.

[47] 木桶效应是什么意思？木桶效应给人的启示 [EB/OL]. https://www.tanmizhi.com/html/7480.html，2019-6-10.

[48] 目标激励怎么做 [EB/OL]. https://zhuanlan.zhihu.com/p/437727483，2021-11-25.

[49] 培养创新思维能力的 5 个方法 [EB/OL]. http://www.360doc.com/content/21/0910/09/46933572_994888381.shtml，2021-09-10.

[50] 企业公关危机处理流程及管理步骤梳理 | 附案例详解版 [EB/OL]. https://zhuanlan.zhihu.com/p/442235762，2021-12-07.

[51] 企业如何构建良好的公共关系 [EB/OL].https://www.docin.com/p-2637831131.html，2021-04-09.

[52] 企业为什么要推行绩效管理，真正的意义又是什么？ [EB/OL].https://www.sohu.com/a/436258544_100121229?sec=wd，2020-12-04.

[53] 浅谈企业公共关系危机管理 [EB/OL].https://www.fx361.com/page/2018/1221/4668468.shtml，2018-12-21.

[54] 浅谈企业如何吸引和留住人才 [EB/OL].https://www.wenmi.com/article/pz9u0102j6j3.html，2019-10-13.

[55] 浅谈小微企业财务管理 [EB/OL].https://www.docin.com/p-2872661216.html，2021-11-30.

[56] 如何制定销售提成 [EB/OL]. https://wenku.baidu.com/view/5bc3270f876a561252d380eb6294dd88d1d23d9b.html，2022-05-19.

[57] 伟大的领导者需要了解的 7 种领导风格 [EB/OL]. https://xw.qq.com/cmsid/20200427A05HYK00，2020-04-27.

[58] 小微企业，如何挖掘人才，搭建优秀的团队 [EB/OL]. https://baijiahao.baidu.com/s?id=1661062399437775100&wfr=spider&for=pc，2020-03-13.

[59] 小微企业成功招人的方法 [EB/OL]. https://zhuanlan.zhihu.com/p/337169404?ivk_sa=1024320u，2020-12-15.

[60] 行政管理工作的六大模块 [EB/OL]. http://m.ccutu.com/272891.html，2020-04-14.

[61] 一个企业的经营机制实质上是一个利益驱动机制 [EB/OL]. https://www.sohu.com/a/149893857_283333，2017-06-18.